I libri di Luciano De Crescenzo

Luciano De Crescenzo

NESSUNO

L'Odissea raccontata ai lettori d'oggi

MONDADORI

Dello stesso autore

nella collezione I libri di Luciano De Crescenzo
Così parlò Bellavista
Raffaele
Zio Cardellino
Oi Dialogoi
Storia della filosofia greca - I
Storia della filosofia greca - II
Vita di Luciano De Crescenzo scritta da lui medesimo
Elena, Elena, amore mio
I miti dell'amore
I miti degli eroi
I miti degli Dei
I miti della guerra di Troia
Croce e delizia
Usciti in fantasia
Panta rei
Ordine e Disordine

nella collezione Passepartout
Il dubbio
Socrate

nella collezione I grandi miti greci a fumetti
L'amore
La creazione del mondo

nella collezione Illustrati
La Napoli di Bellavista

ISBN 88-04-42532-6

I edizione maggio 1997

Indice

Nessuno

Caro lettore,

alla fine della mia *Odissea,* dopo aver ucciso tutti i Proci, Ulisse lascia Penelope e parte di nuovo. Perché lo fa? Perché Ulisse non è un personaggio ma una mania. Una mania che costringe l'uomo a partire. Sempre. Una mania che alcuni hanno e altri no. Se anche tu ce l'hai, sappi che nel porto c'è una nave che ti aspetta. Non preoccuparti per la valigia. Non chiedere il prezzo del biglietto. Non chiedere la destinazione. L'importante è partire.

Nessuno

Quando avevo quindici anni la trovata di Odisseo di dire a Polifemo che si chiamava Nessuno mi entusiasmò a tal punto che finii col chiedere a mio padre di cambiarmi nome: volevo anch'io essere chiamato Nessuno. Lui, però, poco amante dei classici, mi rispose alquanto bruscamente: «Pensa piuttosto a diventare Qualcuno e non mi scocciare!».

L'*Odissea* è il primo libro pubblicato in Occidente. Come epoca siamo intorno al 530 a.C., grosso modo sotto Pisistrato, tiranno di Atene, che, con ogni probabilità, ne fu anche l'editore. Omero, però, l'aveva raccontata un paio di secoli prima. Protagonista assoluto del romanzo un eroe chiamato Ulisse, o, se preferite, Odisseo. Questo dilemma, se chiamarlo Ulisse o Odisseo, mi ha tormentato fin dall'inizio. Come appassionato di mitologia greca avrei dovuto chiamarlo Odisseo, come divulgatore Ulisse. Il mio portiere Raffaele, tanto per fare un esempio, se lo chiamo Ulisse mi capisce, se invece lo chiamo Odisseo non sa nemmeno di chi sto parlando. Altro dilemma: se intitolare «canti» i vari capitoli, o «libri». Ho scelto «canti» e che Dio me la mandi buona. D'altra parte l'*Odissea* è un poema epico, e, che io sappia, i poemi epici vengono comunemente suddivisi in canti.

Ultimo dubbio, il secolo in cui si svolgono i fatti: il quattordicesimo o il decimo avanti Cristo? Qui, diciamolo subito, siamo nel caos più assoluto: non c'è uno storico che sappia con precisione quando scoppiò la guerra di Troia. Per Duride di Samo era il 1334 avanti Cristo, per Erodoto il 1250, per Eratostene il 1184, per Eforo il 1135 e via discendendo fino ad arrivare ai contemporanei che parlano del 1000 se non addirittura della prima metà del 900 a.C. C'è infine chi, pur non precisando l'anno, è arcisicuro del giorno: l'incendio di Troia, dice, avvenne il 5 giugno alle 20.30 precise, come dire in «prima serata». A complicare le cose, poi, ci si è messo anche il più famoso degli archeologi, quel tale Heinrich Schliemann che, a forza di scavare, di Troie (intese come città) ne trovò addirittura nove, l'una sopra l'altra, tutte costruite sulla collina di Hissarlik, a due passi dai Dardanelli. Quella nostra dovrebbe essere la settima. Età presumibile il 1200 a.C., decennio più, decennio meno.

Sui motivi, invece, che scatenarono la guerra non ci sono dubbi: il rapimento di Elena fu solo un'invenzione dei poeti. La verità storica parla di tutte altre beghe: tra Greci e Troiani esisteva un conflitto d'interessi relativo ai traffici commerciali tra l'Egeo e il Mar Nero. I Troiani erano un popolo di camorristi che sorvegliavano giorno e notte lo stretto dei Dardanelli e che imponevano il «pizzo» a chiunque vedessero passare. Un bel giorno i Greci si stufarono e li fecero fuori: tutto qui.

Molti si chiedono com'è nata l'*Odissea* e chi ne sia stato l'autore. Ora noi, senza addentrarci nella «questione omerica», né affrontare il problema se sia mai esistito un signore chiamato Omero, e se di Omero ce ne sia stato uno o più d'uno, di una cosa possiamo essere certi: l'*Odissea* fu il *serial* televisivo dell'epoca. Detto in altre parole, che cosa facevano i ricchi, la sera, dopo cena, nell'ottavo secolo avanti Cristo? Niente di eccezionale: ascoltavano un cantautore, possibilmente cieco, che, in cambio di un pranzo, o di qualche regalino, raccontava loro una bella storia a puntate. E chissà che il vero motivo per cui Ulisse ci mise tanti anni a raggiungere Itaca non sia dovuto al fatto che, più tappe faceva, più pranzi rimediava il suo cantastorie.

Ma chi era Ulisse? A mio avviso l'unico vero uomo dei poemi omerici. Gli altri, diciamoci la verità, erano solo dei Rambo, esaltati come eroi più per la loro prestanza fisica che non per quello che pensavano. Gli Achille e gli Aiace, tanto per fare dei nomi, erano bravi solo a menare mazzate e, in una società dove le mazzate contavano moltissimo, finivano con l'essere considerati simili agli Dei. Ulisse, invece, aveva tutti i pregi e tutti i difetti che un uomo deve avere: era coraggioso, bugiardo, amante dell'avventura, attaccato alla famiglia, e allo stesso tempo traditore, curioso, imbroglione, astuto, farabutto, intelligente, e, come dicono i milanesi, *cacciaballe*. Per definirlo con una sola parola (greca) era un *poly-*. Omero, infatti, a seconda delle situazioni, lo definisce *polytropos* (dal multiforme ingegno), *polymetis* (dal grande intuito), *polyphron* (dai molti pensieri), *polymechanos* (dalle molte astuzie), *polyplanes* (dalle molte avventure) e via di questo passo. Lui, insomma, era un «multiplo», qualunque cosa facesse.

Ulisse è la star dell'*Odissea*, così come Achille lo è dell'*Iliade*. Platone, in uno dei suoi dialoghi, l'*Ippia minore*, cerca di stabilire chi dei due fosse il migliore. A discuterne sono Socrate e un certo Ippia.

«Achille dice sempre la verità» sostiene Ippia «e se anche, a volte, gli capitasse di dire una bugia, la direbbe in buonafede. Ulisse, invece, le bugie le dice per vizio, volontariamente, e sempre per raggiungere un suo scopo.»

«Ma allora,» obietta Socrate «chi è il più intelligente dei due, e quindi anche il migliore: chi sceglie tra una verità e una bugia, o chi dice sempre e solo quello che pensa?»

«Chi sceglie» ammette Ippia.

E così, alla fine, dà ragione a Socrate, anche perché, da un certo punto in poi, non ne può più.

«Mi hai convinto, o Socrate,» gli dice «però adesso lasciami andar via.»

Dovendo parlare, però, sia dell'eroe che dell'imbroglione, ho ritenuto opportuno aggiungere all'*Odissea* un capitoletto finale dedicato all'imbroglione, dove riporto tutto quello che di denigratorio sono riuscito a trovare nei suoi confronti. In genere si tratta di pettegolezzi che comunque, diciamo la verità, sembrano verosimili.

Per quanto riguarda, invece, l'*Odissea*, l'ho tradotta (si fa per dire) in linguaggio umano, ovvero a uso dei lettori d'oggi, e di tanto in tanto vi ho aggiunto qualche riflessione personale. Di versioni italiane dell'*Odissea* ne avrò lette una decina, da quella bella, ma oggi quasi illeggibile, di Ippolito Pindemonte (1753-1829) a quelle in prosa di Giuseppe Tonna (Garzanti) e di Maria Grazia Ciani (Marsilio) che peraltro consiglio a chi desiderasse leggere qualcosa di più aderente al testo omerico. Ovviamente mi è capitato di copiare, ma, a tale proposito, tengo a precisare un concetto fondamentale: quando si copia da un solo testo si commette un «plagio», ovvero un reato, quando invece si copia da più testi si fa della «ricerca», e quindi, alla fine, un'opera meritoria. Io mi sono molto dedicato alla ricerca. E sempre a proposito d'interpreti omerici, anche il Vincenzo Monti praticava la ricerca, tant'è vero che il Foscolo, riferendosi alla sua versione dell'*Iliade*, lo definì beffardamente: «il cavaliero, gran traduttor dei traduttor d'Omero».

Canto I
Il concilio degli Dei

Laddove si narra di come la Dea Atena protesti con Zeus per la sorte ingrata toccata a Ulisse, unico degli Achei a non essere tornato in patria, e di come, travestita da Mente, si rechi a Itaca per consigliare Telemaco.

Cantami, o Diva, l'uomo dal lungo viaggio,
che per tanti anni navigò sui mari, dopo
aver distrutto la sacra città di Troia.

Comincia così l'*Odissea*, il più bel romanzo di avventure che sia mai stato scritto nella storia della letteratura. Il primo canto ha come scenario il monte Olimpo.

Zeus entrò nel *synedrion*[1] e tutti si alzarono in piedi. Non che avessero chissà quale timore reverenziale nei suoi confronti, ma, conoscendolo, sapevano quant'era formale. Una volta, solo perché a un banchetto uno degli Dei aveva cominciato a mangiare prima di lui, fece diluviare per un anno intero sulla sua isola.

C'erano tutti. Gli unici assenti, a parte Ade che non saliva mai sull'Olimpo, erano Artemide, la Dea della caccia, e

[1] *synedrion* - συνέδριον: sala del gran consiglio.

Poseidone, il Dio che scuote la terra. Quest'ultimo era andato in Etiopia, ai confini del mondo, per godere di non so quale ecatombe. D'altra parte, Poseidone era fatto così: bastava che qualcuno, in qualche remoto angolo del pianeta, anche il più sconosciuto, gli scannasse un centinaio di pecore, pronunziando ad alta voce il suo nome, che lui subito si precipitava. Come a dire: «A me levatemi tutto, ma non mi toccate l'ecatombe».

La prima a prendere la parola fu Atena, la Dea dagli occhi lucenti.

«O figlio di Crono,» disse rivolgendosi a Zeus «la guerra che intrise di sangue le spiagge di Ilio è terminata. I guerrieri dalle corazze di bronzo, chi in un modo, chi in un altro, hanno tutti portato a termine la propria missione: c'è chi ha perso la vita lottando con le armi in pugno, chi l'ha persa sulla strada del ritorno, e chi appena messo piede tra le mura amiche. Altri invece, grazie a te, o divino, sono tornati tra le braccia delle mogli e dei teneri figli. C'è solo un eroe, chiamato Ulisse, che vaga ancora sui mari ricchi di pesce. Con parole e lusinghe lo tiene avvinto a sé da ben sette anni, in un'isola sperduta, una delle figlie di Atlante, la vogliosa Calipso. Lui, misero, versa calde lacrime pensando al fumo che sale dai camini d'Itaca, alla moglie lontana e al figlio di cui non conosce ancora il viso. Vorrebbe andarsene, ma la ninfa dai bei capelli non lo lascia partire: gli promette l'immortalità e l'eterna giovinezza senza capire che per un mortale sette anni equivalgono a sette eternità. Allora io ti chiedo: perché lo odi tanto da farlo morire di nostalgia?»

La sala dei congressi era identica a quella del Parlamento italiano, fatta eccezione, forse, per gli scanni, che a Montecitorio sono di legno mentre sull'Olimpo erano d'oro. Al centro, su di un trono posto leggermente più in alto degli altri, dominava Zeus, il Padre degli Dei. Una spanna più in basso (ma solo una spanna) sua moglie Era, e di fronte, disposti a semicerchio, tutti gli altri Dei. Tra quelli di destra faceva spicco Ares, il Dio della guerra. Tra quelli di sinistra Efesto, il Dio dei metalmeccanici.

L'appassionata petizione di Atena a favore di Ulisse divertì molto Zeus, ma non lo sorprese affatto. La guerra di Troia aveva finito col dividere gli Dei dell'Olimpo in due opposte fazioni: c'erano quelli che facevano il tifo per gli Achei e quelli che tenevano per i Troiani. Atena, fin dall'inizio, si era schierata coi primi, laddove Poseidone, avendo in odio Ulisse, li tormentava non appena ne beccava uno perso in mezzo al mare. Zeus, invece, diciamo la verità, era imparziale, nel senso che perseguitava gli uni e gli altri con pari accanimento, senza mai badare al colore delle maglie.

«Molti credono, o figlia soltanto mia,[2]» disse Zeus ad Atena «che tutto quello che accade sulla terra sia sempre io a deciderlo. Niente di più sbagliato: non è così che vanno le cose in questo mondo. Prendiamo, ad esempio, il caso del nobile Egisto: volle per forza uccidere Agamennone e insidiarne la sposa. Io invano, per metterlo in guardia, gli inviai Hermes, il Messaggero dallo sguardo acuto. Lui, testa più dura delle statue di Egina, portò lo stesso a compimento il suo piano delittuoso, e così, come gli avevo predetto, venne a sua volta scannato dal valoroso Oreste. Ora io chiedo: di chi è la colpa? Di Zeus che tutto sorveglia, o di Egisto che per forza volle unirsi carnalmente con la sposa legittima del figlio di Atreo? Ma torniamo a Ulisse che fra tutti i mortali eccelle per l'ingegno. Si oppone al suo ritorno l'irascibile Poseidone, e tu sai quanto mio fratello sia una divinità dal perdono difficile. D'altra parte, l'astuto Ulisse, le

[2] Un giorno Zeus ebbe un fortissimo mal di testa. Non essendo stati ancora inventati gli analgesici, si fece rompere il cranio da Efeso. Dalla spaccatura uscì Atena in armi, il che spiegherebbe sia il mal di testa sia il motivo per il quale Zeus la definisce «figlia soltanto mia». Primo esempio di clonazione della Storia.

sue brave colpe ce l'ha: oltre a far divorare dai suoi uomini i sacri buoi del Sole, accecò anche l'unico occhio del Ciclope Polifemo, il figlio che lo stesso Poseidone ebbe dalla ninfa Toosa dopo averla violentata in una grotta buia. E così, eccoti spiegati i motivi per i quali il tuo protetto non è mai riuscito a raggiungere la terra dei padri.»

Malgrado il principio del libero arbitrio, così ben spiegato da Zeus, Atena provò a insistere.

«Sono d'accordo per Egisto, o padre: ha avuto quello che meritava. E che nello stesso modo possano morire anche tutti quelli che cospirano contro i re e i figli dei re! Tu, però, o divino, manda immediatamente il tuo fido Hermes dalla vogliosa Calipso, e avvisa la ninfa dai riccioli d'oro che gli Dei hanno deciso di far tornare in patria il valoroso Ulisse. Io, nel frattempo, mi recherò a Itaca dove un gruppo di giovani arroganti ha invaso la reggia con lo scopo d'insidiare la moglie dell'eroe e di impadronirsi del trono. Proverò a incoraggiare il di lei figlio, Telemaco, a recarsi da Nestore a Pilo, e da Menelao a Sparta, per chiedere a costoro se sanno qualcosa di suo padre.»

Telemaco, in tutto questo, era incazzato come una bestia: vedeva quei balordi dei Proci bivaccare in casa sua, urlare, bestemmiare, squartare buoi, sgozzare intere greggi di pecore, abbrancare giovani ancelle, e non riusciva a darsi pace. Se solo avesse potuto, li avrebbe uccisi tutti dal primo all'ultimo. Ma come fare? Era solo, non aveva ancora vent'anni e quelli erano in tanti, e per di più erano tutti maneschi e rissosi. Qualcosa gli diceva che meno si faceva vedere e meglio era. E allora se ne stava confinato in cucina, insieme alla servitù, accanto alla fedele nutrice Euriclea. Costei lo aveva visto nascere, e prima di lui aveva visto nascere suo padre Ulisse. Fu il nonno Laerte ad acquistarla per soli venti buoi, da un certo Opo, figlio di Pisenore. Si dice che all'epoca la brava donna avesse avuto quattordici anni e un seno eretto da fare invidia alla stessa Afrodite. Malgrado la sua bellezza, però, il saggio Laerte evitò di portarsela a letto: aveva intuito che come bambinaia valeva molto di più che come amante, e che sarebbe stato meglio per lui avere una persona fidata nella stanza dei bambini, che non un'amante in più nel gineceo. E tuttora, benché fosse quasi cieca, una sua carezza riusciva a trasmettere più calore di qualsiasi parola di conforto.

I pretendenti si erano insediati nella reggia e, con la scusa che Ulisse, dopo quasi dieci anni dalla fine della guerra, non aveva ancora dato notizie di sé, erano tutti in attesa che Penelope nominasse un sostituto. A essere sinceri, non è che impazzissero chissà quanto per le grazie della moglie di Ulisse, che era bella sì, ma anche leggermente sfiorita. Era piuttosto il trono di Itaca il loro vero obiettivo, e solo un matrimonio con la regina lo avrebbe legittimato. Lei, però, la divina, rimandava di giorno in giorno la decisione, con grande gioia di Telemaco, e altrettanta gioia dei Proci meno favoriti che, nell'attesa, mangiavano e bevevano a sbafo.

«Ah, se tornasse mio padre!» sospirava Telemaco. «Molto breve sarebbe la vita di costoro.»

Nel frattempo, però, per nulla spaventati da questa remota possibilità, i nobili di Zacinto, Same, Dulichio e della stessa Itaca non mollavano la presa, e lui, povero Telemaco, non sapeva più dove sbattere la testa.

Quel giorno, in particolare, il banchetto aveva raggiunto livelli di sconcezza mai visti prima: i Proci, non solo erano ubriachi, ma correvano seminudi dietro le giovani ancelle per trascinarle sui lettini. Tra grida di donne impaurite, canti osceni e araldi che continuavano a versare vino come se fosse acqua di ruscello, era tutto un susseguirsi di scenette disgustose.

Omero, d'altra parte, bisogna capirlo: se non esagera un pochino sulle malefatte dei Proci, non può alla fine giustificare la ferocia con cui Ulisse porterà a termine la storia. Da bravo sceneggiatore qual è, è obbligato, in un certo senso, a dire sempre il peggio che può dei signori pretendenti

Quella sera, comunque, un vecchio servo, scandalizzato da quanto era stato costretto a vedere, andò a sfogarsi con Telemaco.

«O mio padrone,» gli sussurrò in un orecchio «la festa dei Proci prosegue in modo inverecondo, e tua madre, la divina Penelope, sta per scendere nel *megaron*.[3]»

Il ragazzo si alzò di scatto nella speranza di bloccarla in tempo, ma la regina, con il viso coperto da un velo, stava già attraversando il salone per dirigersi dal cantore Femio che proprio in quel momento aveva iniziato a cantare uno dei ritorni tragici degli Achei.

Un improvviso silenzio accompagnò il suo passaggio.

«O mio buon Femio,» disse Penelope all'aedo «perché continui a raccontare questi tristi *nostoi*?[4] Lo sai che il mio cuore è gonfio di tristezza per l'uomo che amo. Tu che conosci tante piacevoli storie, perché non me ne canti una a tuo piacimento, evitando di straziarmi il cuore più di quanto non sia già straziato?»

«O madre,» la interruppe Telemaco «non bisogna prendersela con Femio se canta il triste destino degli Achei. Non è colpa sua se molti eroi non riuscirono a tornare in patria tra le braccia dei loro cari. Furono gli Dei a deciderlo. Tu, piuttosto, rientra nelle tue stanze e occupati del fuso e del telaio, che ai fatti e ai discorsi degli uomini penso io, dal momento che in questa casa sono io quello che regna e comanda.»

Mentre pronunziava queste parole, alquanto presuntuose in verità per un ragazzino come lui, si accorse che sotto il porticato c'era un uomo con una lancia di bronzo nella mano destra. Aveva un aspetto regale, direi quasi luminoso. A guardarlo meglio aveva un che di femminile nel viso. Tele-

3 *megaron* - μέγαρον: salone.

4 *nostoi* - νόστοι: nella mitologia greca con questo nome vengono indicati i ritorni degli eroi dalla guerra di Troia. Trattasi di storie quasi tutte finite male.

maco non si sarebbe meravigliato se qualcuno gli avesse detto che quello non era un uomo ma un Dio. Subito, allora, si precipitò ad accoglierlo, meravigliandosi che fino a quel momento nessuno lo avesse fatto.

«Ti saluto, o straniero!» esclamò, andandogli incontro con un largo sorriso. «Che tu sia il benvenuto fra noi. Accetta innanzitutto del cibo, riposati dal lungo viaggio, e poi, sempre che ne abbia voglia, ci dirai chi sei, di chi sei figlio e di che cosa hai bisogno.»

Eccezionale il modo di accogliere gli sconosciuti nella antica Grecia! Evidentemente l'ospitalità doveva essere un comandamento religioso a cui nessuno poteva sottrarsi: uno straniero non veniva mai aggredito con domande troppo personali, e comunque mai prima che si fosse accomodato e rifocillato. Non come oggi che, con i videocitofoni e i nostri sistemi di allarme, se non ci si annunzia come Dio comanda è molto difficile che qualcuno ci apra la porta.

Atena, giacché di lei si trattava, lì per lì non rispose. Fece un paio di passi avanti, lanciò uno sguardo all'interno del *megaron* e interrogò a sua volta Telemaco.

«Dimmi, o giovane principe, che banchetto è mai questo? Chi sono costoro? E perché li hai invitati? Si tratta forse di un'antica tradizione alla quale sei tenuto? O di un pranzo di nozze? Di un pasto tra amici, non credo, dal momento che tutti arraffano e bevono a più non posso.»

«O mio ospite,» rispose Telemaco «forse ti scandalizzerai per quello che sto per dirti, ma costoro sono tutti parassiti.[5] Ad altro non pensano che a mangiare, a cantare e a fare l'amore. E ciò è comprensibile, giacché godono indebitamente dei beni di un altro uomo, di un eroe le cui

[5] *Parassita*: in greco παρά-σιτος, «colui che mangia con».

bianche ossa, forse, in questo stesso momento fluttuano sull'immenso mare, o marciscono sotto la pioggia in una terra lontana. Tu, piuttosto, dimmi: in che cosa posso esserti utile, e poi, chi sei e di chi sei figlio?»

E la dea dagli occhi azzurri così rispose:
«Io mi chiamo Mente e sono il figlio del saggio Anchialo che regna sul popolo dei Tafi, uomini amanti del remo. Sono qui in cerca di bronzo e porto in cambio ferro lucente. Quanto a tuo padre, mi è stato riferito che non è morto ancora. È solo trattenuto in un'isola circondata da un mare sterminato. Lo tiene prigioniero, con arti femminili, una delle figlie del titano Atlante. E a tale proposito voglio farti una profezia, così come nel cuore me la suggeriscono gli Dei. Ulisse, uomo dalle infinite risorse, anche se avvinto da cento catene, prima o poi riuscirà a fuggire. Tu però, nel frattempo, prepara una concava nave, la migliore che riesci a trovare, e va' in giro a chiedere di tuo padre. Va' a Pilo sabbiosa e interroga il vecchio Nestore carico di gloria, e subito dopo recati a Sparta dal biondo Menelao che fra gli Achei dai lunghi capelli è stato l'ultimo a tornare in patria. Se questi re, giusti e illuminati, ti diranno che è vivo, sopporta ancora un anno. Se, invece, ti diranno che è morto, convinci tua madre a prendersi un altro sposo.»

«Con molto affetto mi hai parlato, o divino ospite» rispose Telemaco. «Mi hai consigliato come se fossi un figlio tuo, e io per questo te ne sarò per sempre grato. Adesso, però, non restare fuori della casa: entra e fammi felice. Fatti un bel bagno ristoratore in modo che ti sia di sollievo al corpo e allo spirito.»

Dopo aver ringraziato l'ospite, Telemaco tornò nel salone e venne subito sottoposto a uno stretto interrogatorio. Evidentemente i Proci si preoccupavano di chiunque potesse, in qualche modo, interferire con i loro progetti.

Eurimaco, il figlio di Polibo, andò subito al dunque:
«Dicci, o Telemaco, con chi stavi parlando sotto il porti-

cato: era forse un forestiero che ti portava notizie di tuo padre? E qual era la sua patria e quale la sua stirpe? A me, in verità, non sembrava un uomo da poco, e lo avrei anche interrogato con piacere se non fosse sparito all'improvviso.»

E Telemaco di rimando:

«Non preoccuparti, o Eurimaco; mio padre, almeno per il momento, non torna. Io, alle notizie che portano i forestieri non credo, così come non credo agl'indovini che di continuo convoca mia madre.»

Canto II

Il ragazzo Telemaco

Laddove si narra di come Telemaco indica una riunione per sollevare il popolo contro i Proci, e di come, ingiuriato da costoro, chieda una nave per andare a Pilo e a Sparta in cerca di notizie sul conto di suo padre.

Cominciamo col dire che Itaca era un'isola molto povera, abitata prevalentemente da pecore e da pecorai (più pecore che pecorai per la precisione). Non era né Creta né Micene, dove il fatto che ci si riunisse in piazza per ascoltare un oratore doveva essere un'abitudine quotidiana. A Itaca una assemblea generale, indetta oltre tutto da un ragazzo come Telemaco, dovette sembrare un avvenimento eccezionale. Tant'è vero che nel giro di mezz'ora lo spiazzo davanti alla reggia si riempì tutto, fino alle viuzze laterali. Cos'era accaduto di così grave, si chiese il popolo, da convocare un'adunata generale a mezzogiorno, in pieno sole, proprio quando il caldo era insopportabile? Arrivò gente da ogni parte e qualcuno anche dalle isole vicine. Ovviamente, c'erano i Proci.

Ora, sarà perché preso da sacro furore, sarà perché Atena lo aveva dotato di un carico in più di bellezza, certo è che quando Telemaco si affacciò dal balcone della reggia un «oh» di ammirazione si levò dalla folla. Nessuno lo aveva mai visto così bello, così alto e così spavaldo. Aveva lo sguardo determinato di chi sa che cosa vuole nella vita e farà di tutto per averlo. Strappò con forza dalle mani di un araldo uno scettro e cominciò a parlare con un'autorità che nessuno gli avrebbe mai accreditato.

«O popolo di Itaca, una doppia sciagura si è abbattuta sulla mia casa, ed è soprattutto mio il dolore: il padre valoroso ho perduto, e alcuni bellimbusti pretendono oggi di sostituirlo, sia sul trono che mi spetterebbe di diritto, in quanto primo e unico figlio, sia nel letto di mia madre. Un gruppo di avventurieri, privi di scrupoli, si è insediato nella reggia e passa il suo tempo a squartare buoi, ad arrostire agnelli, a scannare pecore, e a bere il vino rosso delle mie vigne. Non c'è itacese o parente di mio padre, lo dichiaro a mia e a vostra vergogna, che sia capace di porre un freno a simili soprusi. Al che io dico: vergognatevi, o pretendenti, e tornate nelle case da dove siete venuti, se non vorrete che un giorno gli Dei vi puniscano per la vostra invadenza.»

Ciò detto, gettò giù dal balcone lo scettro e scoppiò a piangere. Il popolo, commosso, più dal pianto che non dalle parole, restò ammutolito. Non così Antinoo, l'arrogante figlio di Eupite, capo dei Proci.

«O Telemaco senza freni, tu che cerchi di coprirci d'infamie sei davvero un ingrato: non è nostra la colpa se indugiamo nella reggia, bensì di tua madre che ci sta prendendo in giro da ormai troppo tempo. Sono tre anni, e ben presto saranno quattro, che non si decide a scegliere un sostituto al posto di Ulisse. Tempo fa ci assicurò che avrebbe dato una risposta positiva solo dopo aver terminato non so quale tela in onore di Laerte, ma proprio ieri, una delle ancelle ci ha confidato che di giorno tesse questa maledetta tela e di notte la disfa. A questo punto è tuo dovere rimandarla da suo padre Icario, in modo che questi le imponga un secondo matrimonio. I pretendenti, perché lo si sappia, non torneranno nelle loro case, né accetteranno di andare a vivere altrove, finché lei, la divina, non si sarà decisa.»

Questa della tela di Penelope è una storia davvero eccezionale: potrebbe essere scelta come emblema di tutte le strategie dilatatorie. La regina, conscia della debolezza del suo paese, si rende conto che l'unico mezzo per impedire ai Proci di prendere il potere è quello di tenerli a bada con la più femminile delle arti: quella del tessere. Nasce così il modo di dire «la tela di Penelope», ovvero l'arte di rimandare una decisione *sine die*.

Ma ecco che accadde un fatto straordinario: l'assemblea era nel suo pieno fervore quando dalla cima del monte Nerito si staccarono due aquile. A vederle scendere in picchiata, velocissime, l'una accanto all'altra, si sarebbe detto che erano due folgori inviate da Zeus, e difatti lo erano, tant'è vero che, una volta giunte sulla folla, si beccarono furiosamente tra grida e sparpaglìo di piume, per poi fiondarsi sui tetti d'Itaca. Nessuno dei presenti osò azzardare un'ipotesi, finché non si fece avanti un vecchietto di nome Aliterse, l'unico uomo, nell'isola, a sapere interpretare il volo degli uccelli.

«Ascoltami, o popolo d'Itaca,» dichiarò Aliterse «e ascoltatemi anche voi, o pretendenti, giacché è a voi che Zeus desidera parlare. Sta per abbattersi sul vostro capo un'immensa sciagura ed è bene che ne siate informati in tempo. Non a lungo il divino Ulisse resterà lontano da quest'isola ricca di sole e, quando tornerà, la sua vendetta non avrà limiti. Non commettete quindi l'errore di sottovalutarmi: non sono uno che parla a vanvera, tanto per parlare.»

Come tutti gli indovini, anche Aliterse sapeva che solo le previsioni molto brutte o molto belle vengono ascoltate. Sennonché la profezia non piacque affatto ai Proci, e uno di loro, Eurimaco, il più odioso se vogliamo, gli tolse la parola.

«Vattene a casa, o vecchio, e riserva le profezie per i tuoi figli, sempre che tu ne abbia: che non capiti loro oggi stesso una sciagura! Anch'io so leggere nel futuro, e non sempre il volo degli uccelli dice il vero. Ulisse, questo lo sanno anche le pietre, è morto e stramorto, e se fossi morto anche tu non sarebbe poi una così grande disgrazia: non istigheresti Telemaco, che già di suo è sconvolto. Illuderlo con false promesse è facile, ma non per questo si finisce col fargli del bene, anzi lo si avvilisce ancora di più. Noi Proci, sia chiaro, non abbiamo alcuna intenzione di sloggiare, ed è bene che anche il giovane principe se ne faccia una ragione. Che convinca piuttosto sua madre a prepararsi alle nozze.»

Telemaco lì per lì avrebbe voluto rispondere, poi, degno figlio di suo padre, ci pensò sopra un attimo e saggiamente preferì scendere a un compromesso.

«O Eurimaco, e voi nobili principi,» disse «mettiamo da parte le nostre diverse opinioni, e ragioniamo pacatamente: io vorrei solo una concava nave con venti robusti rematori per recarmi a Pilo sabbiosa e a Sparta nascosta tra i monti, e, una volta sul posto, chiedere al saggio Nestore e al glorioso Menelao se hanno notizie di mio padre. Se costoro mi diranno che è vivo, resterò ancora un anno in attesa, seppure angustiato. Se, invece, mi diranno che è morto, innalzerò un tumulo funebre e darò a mia madre un nuovo marito.»

Non tutti, però, furono d'accordo con questo progetto. Dalla folla si fece avanti Mentore, uno dei più cari amici di Ulisse.

«Io non mi adiro con i Proci arroganti: che continuino a razziare le mandrie di Telemaco. Io mi adiro col popolo che resta indifferente a queste rapine e che non caccia via gli sfruttatori, così come dovrebbe e potrebbe, dal momento che i Proci sono pochi e gli Itacesi molti. Allora concludo dicendo: "Vergognatevi, o miei concittadini, e sappiate che quando un popolo...".»

Ma anche Mentore venne zittito: Leocrito, figlio di Evenore, lo coprì d'ingiurie.

«O Mentore rimbecillito, o vecchio deficiente, o vaso colmo di sterco, tu apri la bocca tanto per darle fiato, ma non capisci niente. Tu aizzi il popolo contro di noi senza renderti conto che lo condanneresti a un'inevitabile sconfitta. Nessuno potrà mai cacciarci dalla reggia finché è in gioco la nostra mensa. Neppure Ulisse ci riuscirebbe. Quando si è in uno contro molti, infatti, prima o poi quest'uno ci rimette la pelle. Voi piuttosto, o Itacesi, tornate ai vostri lavori, e tu ragazzino smettila di frignare: sai benissimo che questa nave non te la daremo mai e poi mai.»

A Leocrito immediatamente si associarono altri Proci: primo fra tutti Antinoo, figlio di Eupite, che sbucò alle spalle di Telemaco, sul balcone, tendendogli la mano destra in segno di pace.

«Ragazzo,» esclamò con un sorrisino strafottente sulle labbra «ha detto bene Leocrito: finiscila di piagnucolare e vieni a banchettare con noi. Devi ancora crescere e un po' di cibo non ti farebbe male.»

Ma Telemaco ritrasse la mano inorridito, e reagì con disprezzo: «Con te, o Antinoo, non potrei mai sedermi alla stessa mensa. Non ti basta avermi saccheggiato le riserve: ora vuoi anche il mio consenso. Ricordati, però, di ciò che dico: verrà un giorno in cui pagherai tutto quello che mi hai fatto».

Una colossale risata coprì queste ultime parole.

«Il giovane Telemaco trama la nostra morte!» sghignazzarono i pretendenti. «Vuole sterminarci tutti, dal primo all'ultimo! Che paura, che paura! O sommo Zeus, salvaci tu!»

«Probabilmente,» commentò un altro ridendo «sarà condannato, come Ulisse, a errare per sempre sui mari. In questo caso, però, aumenterebbe per noi il lavoro, e già, perché, una volta consumati i beni del padre, saremmo costretti a mettere mano a quelli del figlio.»

Ma quanti erano i Proci? Alcuni venivano dalle isole vicine, altri, invece, erano del posto. In tutto saranno stati cinquanta o al massimo sessanta[1] ragazzotti di buona famiglia. Omero ce li presenta come criminali, noi invece, più obiettivi, li definiremo solo degli approfittatori. Dopo venti anni di vuoto di potere non ci si può meravigliare se qualcuno prova a prendere il posto di chi se ne è andato. Alla fin fine, poi, questi Proci chi avevano davanti? Una signora quarantenne dal carattere mite e un ragazzino neanche troppo sveglio. Loro, invece, si erano limitati a mangiare, a bere e a sedurre le ancelle. E li vogliamo condannare per così poco?

Telemaco, comunque, una volta rifiutato l'invito a bivaccare con i nemici, dichiarò sciolta l'assemblea e rientrò nei suoi appartamenti. Quand'ecco, in corridoio, venirgli incontro Atena sotto le false sembianze di Mentore.

«Ascolta, o Telemaco,» disse la Dea «senza por tempo in mezzo, recati subito da tua madre e prepara le provviste per il viaggio che devi fare a Pilo, che ad allestire la nave e a reclutare i volontari provvederò io stesso.»

Ciò detto Atena, da quella brava trasformista che era, mollò le sembianze di Mentore e prese quelle di Telemaco. Si era resa conto che la maggior parte degli Itacesi si sentiva in colpa nei confronti del ragazzo e voleva profittarne. Prese a battere l'isola in lungo e in largo e a tutti chiedeva aiuto. Al ricco Noemone chiese una nave con venti remi, e ai giovani più robusti e coraggiosi promise ricchi premi se si fossero offerti spontaneamente come rematori. Non solo: affinché nessuno intralciasse la partenza di Telemaco, fece scendere sui pretendenti un bel sonno profondo che li mise fuori gioco per l'intera giornata. Infine comandò al vento Zefiro di soffiare in direzione di Pilo.

[1] Secondo alcuni, compresi i servi, erano 108.

Canto III

Il saggio Nestore

Laddove si narra di come Nestore accolga Telemaco al meglio delle sue possibilità e di come non sa dirgli nulla di suo padre. Nel medesimo tempo, però, lo invita a recarsi a Sparta, da Menelao, che era stato anche l'ultimo a incontrare Ulisse, e, per questa missione, lo affida a suo figlio Pisistrato.

La nave di Telemaco giunse a Pilo, la bella città fondata da Neleo, proprio mentre il vecchio Nestore, sotto un sole spietato, sacrificava nove tori enormi a Poseidone, il Dio dai capelli turchini. I Pilesi vivevano prevalentemente di pesca ed era quindi loro interesse tenersi buono un Dio come Poseidone, assoluto dominatore dei mari. Basti pensare che la maggior parte dei Greci viveva sulle coste ed era così povera, ma così povera, che per sfamarsi era costretta a mangiare quasi sempre ostriche e aragoste.

Atena, sempre sotto le sembianze di Mentore, fu la prima a mettere piede a terra, seguita dal giovane principe.

«E ora, mi raccomando, Telemaco, non avere alcun timore» disse la Dea, indicandogli il gruppo di uomini che si accalcava intorno all'ara dei sacrifici. «Va' dritto da Nestore, che degli Achei è sempre stato il più saggio, e chiedigli tutto quello che sa di tuo padre.»

E Telemaco con voce tremante rispose:

«O Mentore, in verità mi emoziono al solo pensiero di dovergli parlare. Non sono un esperto in discorsi forbiti e penso che non sia educato per un giovane della mia età interrogare un re così famoso.»

Ma Atena, almeno su questo punto, riuscì a tranquillizzarlo.

«Non preoccuparti, o Telemaco: qualcosa ti verrà in mente e qualcos'altro te lo suggerirà un Dio. Se davvero sei figlio di Ulisse, non dovresti avere problemi a parlare con i potenti della terra.»

Di lì a pochi minuti si trovarono al cospetto del grande Nestore, domatore di cavalli, e dei suoi sette figli.

Pisistrato, il più giovane, fu il primo a venire incontro agli ospiti: li prese per mano e li condusse alla tavola di suo padre. Quindi offrì a entrambi un calice d'oro ricolmo di vino, servendo prima Mentore (cioè Atena) e poi Telemaco. Infine, chiese a tutti i presenti di brindare in onore di Poseidone.

La Dea apprezzò molto il fatto che Pisistrato, in omaggio all'età, l'avesse servita per prima, e non si lasciò sfuggire l'occasione per ringraziarlo davanti a tutti e per mandare, contemporaneamente, un messaggio al collega Poseidone.

«O Dio che scuoti la terra,» declamò con enfasi, alzando il calice al cielo, «concedi lunga vita a Pisistrato, a suo padre e ai suoi fratelli, così come essi meritano. Quanto a noi, venuti da lontano, esaudisci i nostri desideri.»

Conclusi i preliminari, ovvero i brindisi, gli auguri e le pacche sulle spalle, il vecchio Nestore chiese ai nuovi venuti di presentarsi: chi diavolo erano, da quali paesi venivano e qual era lo scopo del loro viaggio. Al che il ragazzo Telemaco, fattosi coraggio, così rispose:

«O Nestore, figlio di Neleo, vanto di tutti gli Achei, siamo giunti qui da te per una faccenda strettamente privata.

Io sono l'unico figlio di Ulisse e non ho notizie di mio padre da tempo immemorabile, in pratica da quando sono nato. Tutti ne parlano bene, tutti mi raccontano le sue molteplici astuzie, e questo acuisce ancor di più in me il desiderio di stringerlo tra le braccia. Ma tu che hai avuto la fortuna di conoscerlo, tu che hai combattuto al suo fianco, tu che ne hai raccolto le confidenze più intime, che cosa sai di lui? In quale luogo della terra o del mare è trattenuto e chi gli impedisce di tornare dai suoi? Che io sappia, di tutti gli Achei che combatterono a Troia si conoscono le sorti (quasi sempre funeste purtroppo) a eccezione di quelle di Ulisse. Così hanno voluto gli Dei. Ed ecco il motivo per il quale sono venuto a Pilo. Dimmi allora, o nobile Signore, tutto ciò che sai di mio padre: non avere pietà e non addolcire le parole solo per risparmiarmi un qualche dolore.»

E Nestore, con accento commosso, rispose.

«O caro Telemaco, ti parlo come se fossi un figlio mio. Tu mi hai ricordato le pene che soffrirono gli Achei dalle corazze di bronzo prima e dopo la caduta della città di Priamo. Sotto le mura morirono quasi tutti i migliori: fra i primi a cadere fu Patroclo, bello come Ganimede e forte come Ares, e subito dopo lo seguirono l'invincibile Achille, il valoroso Aiace Telamonio e, purtroppo, mio figlio Antiloco, che di tutti i guerrieri era il più bravo nella lotta. Le cose, peraltro, non migliorarono affatto quando, una volta espugnata Troia, il conflitto cessò. Caricammo sulle navi il bottino di guerra e le troiane più giovani e belle, per poi prepararci al lungo viaggio. Ma Zeus aveva in serbo per noi un doloroso ritorno. A stento riuscirono a farcela i tenaci Mirmidoni sotto la guida del coraggioso Neottolemo. E felicemente arrivò in patria anche Filottete, figlio di Peante. Come pure Idomeneo riuscì a riportare a Creta tutti i suoi guerrieri, nessuno escluso. Agamennone, invece, come forse già avrete saputo, venne pugnalato a tradimento da Egisto non appena mise piede nella casa tanto desiderata. Salvo poi essere vendicato da suo figlio Oreste...»

E qui Telemaco non riuscì più a trattenersi e lo interruppe.

«...e volessero gli Dei» esclamò «che anch'io riuscissi a vendicarmi come ha fatto Oreste, e a cacciare i Proci che insidiano mia madre. Ma, per ora, quelli che mi amano mi hanno consigliato di pazientare...»

«...e fecero bene» continuò Nestore, per poi aggiungere: «Certo è che se Atena, la Dea luminosa, si prendesse cura di te, così come a suo tempo si prese cura di tuo padre, non dovresti avere alcun timore».

«Purtroppo, o Nestore,» sospirò il giovane Telemaco «non credo che sia possibile, nemmeno agli Dei, cambiare il destino degli uomini quando questo è segnato.»

Al che Mentore (e cioè Atena), punto sul vivo, reagì immediatamente:

«Quali assurdità vai blaterando, o Telemaco: gli Dei possono fare tutto ciò che vogliono, anche cambiare il destino di un uomo, sempre però che costui sia vivo. Solo quando è morto, ed è sceso nel regno di Ade, dovranno arrendersi.»

«E per sapere se tuo padre è ancora vivo,» intervenne Nestore «ti consiglierei di recarti a Sparta dal glorioso Menelao: è tornato da poco in patria dopo aver molto viaggiato. Ha visitato paesi che nessuno di noi vorrebbe conoscere e sa più cose lui di quante non ne sappiano tutti gli altri Achei messi insieme. Puoi recarti a Sparta sia per mare che per terra, ma se scegli quest'ultima strada, sarei felice di essere io quello che ti procura i carri e i cavalli. E in ogni caso, chiederei a mio figlio Pisistrato di farti da guida.»

Così disse, e subito dopo mangiarono e bevvero a sazietà. Alla fine Atena dagli occhi azzurri e Telemaco dalle guance non ancora coperte di peli, stavano per tornare sulla nera nave quando Nestore li fermò con un ampio gesto.

«Non vogliano gli Dei immortali» esclamò «che da Pilo ve ne andiate come se io fossi un poveraccio, come se non avessi una casa e con essa, in abbondanza, tappeti e coperte di seta. Non dormirà giammai sul nudo ponte di una nave il figlio di Ulisse, almeno fino a quando Nestore sarà Nestore.»

E Atena di rimando:

«Ti ringraziamo, o generoso vegliardo, ma solo Telemaco pernotterà in casa tua. Per quanto riguarda me, invece, preferirei tornare alla concava nave e raccontare ai compagni rimasti a bordo che cosa si è deciso. Sono tutti giovani ardimentosi, un po' come Telemaco direi, ma hanno sempre bisogno di qualcuno che li incoraggi a osare.»

Nestore era considerato l'uomo più saggio della terra, e questo non tanto perché avesse detto chissà quali verità, quanto perché era uno dei pochi ad aver superato i cinquant'anni. Come dire che all'epoca arrivare ai cinquanta era una impresa disperata, per non dire impossibile. D'altronde pochi, tra guerre e malattie, arrivavano a superare i trent'anni. Quello che è certo, comunque, è che quando si trattava di prendere una decisione, sia nell'*Iliade* che nell'*Odissea*, si ricorreva sempre al «saggio» Nestore.

Il giorno dopo, quando si levò l'Aurora dalle dita rosa, i sette figli maschi di Nestore (Perseo, Echefrone, Stratio, Areto, Sesto, Trasimede e Pisistrato) dettero inizio ai preparativi per il lungo viaggio. Il re, come prima cosa, decise d'immolare una grassa giovenca ad Atena: ne aveva avvertito nell'aria la presenza e ora sentiva il bisogno d'ingraziarsela con qualche sacrificio. Ordinò all'orafo di corte, Laerce, di dorare le corna della vittima e pregò suo figlio Areto affinché portasse un bacile ornato di fiori atto a raccoglierne il sangue. Un altro dei suoi figli, Trasimede, prese la scure e vibrò il colpo mortale con tale precisione che la testa della giovenca cadde di colpo nel bacile. Gettarono un grido le donne presenti, ovvero le figlie, le nuore, le ancelle e la nobile Euridice, l'anziana sposa di Nestore.

Nel frattempo Policasta, la più giovane delle figlie del re, preparò il bagno a Telemaco e, dopo averlo ben bene lavato e unto di olio profumato, gli fece indossare una bellissima tunica bianca e un ricco mantello. Scese allora il giovane principe, bello come un Dio, e si accomodò sul carro accanto a Pisistrato. Questi, dopo aver salutato con un ampio gesto della mano il padre e i fratelli, frustò i cavalli dalle belle criniere.

Per chi non se ne fosse ancora reso conto, a detta di Omero tutto a quei tempi era eccezionale: il cibo, il vasellame d'oro e d'argento, le criniere dei cavalli, le giovani ancelle e i figli dei re che, nel peggiore dei casi, erano belli come un Dio.

Canto IV

Il biondo Menelao

Laddove si narra della visita di Telemaco a Sparta, e di come il giovane principe venga ad apprendere dal biondo Menelao che il padre è tuttora prigioniero della ninfa Calipso nell'isola Ogigia. Contemporaneamente i Proci organizzano un agguato ai danni di Telemaco.

Telemaco e Pisistrato entrarono in una valle circondata da impervie montagne. La strada, man mano che i giovani si avvicinavano a Sparta, diventava sempre più ripida e tortuosa. Sia a destra che a sinistra si spalancavano bui precipizi e orride gole. Il figlio di Nestore, però, essendo già stato altre volte da quelle parti, sembrava calmissimo e più che alla strada badava a rassicurare il compagno di viaggio.

«Non preoccuparti, amico mio, se la strada ti appare nemica. Il glorioso Menelao, in compenso, ha fama di essere il più ospitale di tutti i re della terra. Anche se, proprio a causa di questa sua famosa ospitalità, infiniti addusse lutti agli Achei.»

Evidentemente si riferiva a quando, venti anni prima, proprio per aver ospitato il principe Paride, finì col perdere la sua bellissima moglie. Come abbia fatto poi il troiano a rapirla dopo il tramonto e subito dopo percorrere quelle strade buie e contorte in una notte senza luna, resterà per sempre un mistero. Elena, un giorno, dichiarò di averlo seguito senza alcun sospetto, anche perché il rapitore aveva assunto, con l'aiuto di Afrodite, le sembianze del marito. Ma sarà vero? A me, francamente, è sempre sembrata una scusa.

Ed ecco, dopo una curva, apparire in tutto il suo splendore il palazzo di Menelao. Per qualche secondo Telemaco restò a bocca aperta: mai aveva visto nulla di più imponente! La reggia era maestosa, molto più alta di quella di Nestore che pure era enorme. Quanto alla sua, poi, quella d'Itaca, al confronto diventava una misera catapecchia. Il tetto della reggia di Menelao luccicava al sole come se fosse stato rivestito di metalli preziosi.

Ma le meraviglie erano appena iniziate: una volta entrati, i due principi scoprirono che proprio quel giorno si celebravano le nozze di entrambi i figli del re: della femmina, Ermione, che diventava la sposa dell'eroe Neottolemo, il figlio di Achille, e del maschio, Megapente (avuto da una schiava), che impalmava una delle figlie di Alettore.

Eteoneo, il primo aiutante di casa, andò subito ad avvisare Menelao dei nuovi arrivi.

«O padrone mio,» annunziò, entrando di corsa nella sala del trono, «due stranieri, entrambi di aspetto divino, sono qui giunti da Pilo. Cosa vuoi che ne faccia? Stacco loro i cavalli e li invito a entrare, o li induco ad andarsene altrove?»

E Menelao di rimando:

«Io penso, caro Eteoneo, che tu con l'età stia diventando sempre più stupido: prima mi dici che i due forestieri hanno un aspetto divino e poi mi chiedi se devi cacciarli. Non perdere altro tempo: ricevili come essi meritano. Stacca loro i cavalli e accompagnali nel salone perché si possano accomodare alla nostra tavola.»

Già nell'atrio Telemaco si rese conto che l'interno del palazzo era ancora più sontuoso della facciata: l'altezza dei soffitti, lo splendore degli arredi, i soprammobili d'oro, d'ambra e d'avorio, la morbidezza dei tappeti, le armi di bronzo appese alle pareti, la lunghezza dei corridoi e soprattutto il luccichio dei candelabri d'argento finirono ben presto con l'abbacinarlo. Sembrava quasi che il sole e la luna continuassero a splendere anche dentro le singole stanze. È anche vero, però, che un viaggiatore come Telemaco era destinato a meravigliarsi di continuo: lui, in effetti, aveva visto solo Itaca, e cioè un'isola, ricca di sassi, senza strade, senza giardini e senza case in muratura.

«Guarda, o Pisistrato!» esclamava estasiato. «Guarda che meraviglia: sembra la dimora di Zeus!»

Erano appena entrati quando furono avvicinati da una giovane fanciulla che con una brocca d'oro e un bacile d'argento offrì loro dell'acqua di fonte affinché si detergessero il viso dalla polvere del viaggio. Subito dopo vennero invitati a immergersi in due vasche di pietra ben levigate dove altre quattro ancelle provvidero a lavarli, a massaggiarli e a cospargerli di unguenti, per poi rivestirli da capo a piedi con candide tuniche e ricchi mantelli di lana. Infine, una volta diventati presentabili, furono ammessi alla presenza del glorioso Menelao.

Il re li accolse con le frasi di rito.

«Prendete ciò che più vi aggrada, o forestieri» disse, mostrando loro la tavola imbandita, «e quando vi sentirete sazi e non avrete più né sete né fame, mi direte chi siete e di chi siete figli. Anche se, già a vedervi, mi sembrate entrambi di stirpe divina.»

A coronamento della sontuosa accoglienza giunse anche la regina, la splendida Elena, in tutto e per tutto simile alla Dea Afrodite. Per lei l'ancella Adreste portò una seggiola d'oro, l'ancella Alcippe un tappeto di morbida lana su cui appoggiare i piedi, e l'ancella Filò un paniere d'argento con una conocchia d'oro e con un ricamo da terminare.

«Allora, mio buon Menelao,» chiese Elena, più seducente che mai, «abbiamo saputo i nomi dei nostri giovani ospiti?» Dopodiché, indicando Telemaco, aggiunse: «Non so che mi prende, ma sento il cuore battermi in petto, quasi che mi volesse dire qualcosa. Certo è che non ho mai visto nessuno al mondo più simile al divino Ulisse di questo giovane straniero che mi sta davanti. E per essere più esplicita, sono convinta che costui sia proprio Telemaco, il bambino che l'eroe abbandonò in fasce quando io, faccia di cagna, feci scoppiare la guerra tra gli Achei e i Troiani».

«Concordo con te, o donna» le rispose Menelao. «Uguali sono le sue mani, uguali i piedi, e uguali anche gli occhi, la testa e i capelli...»

«...e dite entrambi il vero:» confermò Pisistrato. «Chi mi siede accanto è per l'appunto Telemaco, l'unico figlio del grande Ulisse. Nestore, mio padre, mi chiese di fargli da guida, e io l'ho accompagnato fin qui, a Sparta, perché tu, o Menelao glorioso, con la tua saggezza possa consigliarlo. Molte pene oggi lui patisce per la prepotenza di uno stuolo di manigoldi che gli hanno invaso la casa. Costoro vogliono circuire sua madre e impadronirsi del regno. Nel frattempo lui, non sapendo se suo padre è morto o vaga ancora sui mari, non può nemmeno consolarsi con le lacrime, né tagliarsi i capelli in segno di lutto, come feci io a suo tempo quando seppi che il feroce Memnone, il figlio dell'Aurora, aveva ucciso mio fratello Antiloco.»

«Con le tue parole, o Pisistrato,» rispose Menelao «mi hai riportato ai giorni vissuti a Troia. Non puoi immaginare quanti amici ho perso sotto le mura della città di Priamo e quanti ne ho dovuto seppellire con le mie stesse mani. Alcuni erano ancora ragazzi imberbi, altri, invece, avevano lasciato una moglie che li amava e dei teneri figli.»

Queste ultime parole commossero un po' tutti: pianse Elena, pianse il nobile Pisistrato, pianse il giovane Telemaco e pianse anche per ciò che aveva appena finito di dire il re Menelao. Ma Elena, la divina figlia di Zeus, profittando della generale confusione, versò nelle coppe dei presenti una polverina preziosa che aveva comprato da una donna di nome Polidamna, quando era stata in Egitto: si trattava di una droga capace di lenire ogni tipo di dolore. Chi ne ingoiava anche solo un grammo restava indifferente a qualsiasi lutto gli potesse capitare. Non avrebbe pianto nemmeno se gli fossero morti contemporaneamente il padre e la madre, o se avesse visto i propri figli cadere trafitti. Secondo altri, invece, la bellissima donna non dette loro alcuna droga: erano state le sue lacrime a finire inavvertitamente nel vino, e per chi non lo sapesse, il pianto di Elena, anche detto *elenion*, era capace per concessione degli Dei di lenire ogni dolore.

«Parlatemi di mio padre, vi scongiuro,» implorò Telemaco «e non abbiate pietà di me: ditemi la verità, qualunque essa sia.»

«Un giorno» prese a dire Elena «vidi Ulisse trascinarsi per le strade di Troia: era scalzo e indossava una tunica stracciata in più punti. Sembrava l'ultimo degli schiavi. Nessuno mai lo avrebbe potuto riconoscere. Seppi, poi, che per suscitare maggiore pietà si era inferto da solo quelle orrende ferite. Eppure, malgrado gli stracci e l'odore, io lo riconobbi. Lo portai a palazzo, lo lavai ben bene, lo unsi d'olio purissimo e gli giurai che mai e poi mai lo avrei tradito, se mi avesse confidato le trame degli Achei.»

«Dici bene, o donna:» gli fece eco Menelao. «Di molti uomini ho ammirato il coraggio nei momenti difficili, ma non ho mai trovato nessuno che avesse un maggiore controllo di sé di Ulisse. Eravamo nel ventre del cavallo di legno. Accanto a me stavano accovacciati i più valorosi eroi Argivi. Nessuno di noi fiatava per paura che fuori qualcuno dei Troiani potesse sentirci, quando tu, Elena, inviata da Afrodite, facesti per tre volte il giro del monumento, e per tre volte imitasti le voci delle nostre mogli. Chiamavi ognuno di noi per nome e dicevi: "Vieni fuori, amore mio, che desidero baciarti. È tanto tempo che non ti vedo". Io e Diomede, nel sentire quelle dolci parole, non capimmo più nulla: volevamo precipitarci fuori, e fu Ulisse a impedircelo con la forza. Anticlo, poi, avrebbe voluto addirittura rispondere, ma il figlio di Laerte gli serrò la bocca con una mano e non lo lasciò fiatare finché Atena non ti condusse via.»

Confusa, mortificata da questo racconto, Elena abbassò gli occhi: non si capacitava di come avesse potuto fare una mascalzonata simile, e, come al solito, fu lo stesso Menelao a sdrammatizzare bonariamente.

«Ora tutto è passato: non ne parliamo più» le disse, carezzandole una mano. Poi, rivolgendosi a Telemaco: «Tu, piuttosto, ragazzo mio, dimmi quale necessità ti ha spinto a venire fin qui a Sparta, e in che cosa posso esserti utile».

E Telemaco rispose:

«O figlio di Atreo, o Menelao divino, o Signore dei popoli, so che hai viaggiato per sette lunghissimi anni e che hai visitato paesi mai visti prima da essere umano. Sono venuto da te nella speranza che in uno di questi viaggi tu abbia potuto sapere qualcosa di mio padre.»

Menelao restò in silenzio per qualche secondo, quasi a voler radunare i ricordi, quindi rispose:

«Effettivamente ho molto viaggiato, per terra e per mare. Sono stato a Cipro, in Fenicia, in Egitto, in Libia e ho conosciuto popoli dalle strane usanze come gli Etiopi, i Sidoni e gli Erembi. Ho visitato luoghi situati ai confini del mondo, dove gli agnelli nascono già con le corna e dove le pecore partoriscono tre volte l'anno. Ma non ho mai incontrato tuo padre. Tuttavia, ho da raccontarti una storia che potrebbe esserti utile.»

L'attenzione di Telemaco e di Pisistrato si acuì: i due giovani quasi non respiravano, tanto erano concentrati su quanto stava per dire Menelao.

«Un giorno mi trovavo a Faro, un'isola distante dodici ore di navigazione dalla costa egiziana» cominciò a raccontare il re di Sparta. «Non c'era un alito di vento, né una brezza marina che ci consentisse di prendere il largo. La bonaccia durava da venti giorni e l'equipaggio era allo stremo: avevamo consumato tutte le scorte e l'isola era priva di qualsiasi mezzo di sostentamento. Alcuni di noi avevano cercato di pescare con ami ricurvi, ma un po' per la cattiva sorte, un po' per la mancanza di esche, gli esiti furono quanto mai deludenti. Quando, a un tratto, sulla spiaggia apparve una donna di rara bellezza: camminava a testa alta senza mai guardarsi intorno. Questa, pensai, deve essere una Dea! E allora mi gettai ai suoi piedi e le dissi: "O apparizione divina, o Dea dai capelli d'oro, il cielo e il mare mi odiano e non mi permettono di tornare in patria. Dimmi chi sono gli Dei che ho offeso e quali azioni devo adesso compiere per ottenere il loro perdono!". E lei a me: "Mi chiamo Eidotea e nulla so dirti del tuo passato o del tuo futuro. Qui regna mio padre Proteo, anche detto 'il Vecchio del Mare': solo lui potrà dirti cosa dovrai fare per riprendere il viaggio. Ma per costringerlo a parlare dovrai prima immobilizzarlo, cosa non facile, credimi, dal momento che è capace di mutarsi in decine e decine di forme diverse, sia animali che naturali. Solo quando lo vedrai riprendere il suo aspetto iniziale potrai interrogarlo. Dovrai però saltargli addosso all'improvviso, mentre dorme, altrimenti non riuscirai mai a catturarlo. Lui in genere sbuca fuori dal mare quando il sole è al culmine del cielo, poi s'infila in una grotta profonda dove, per prima cosa, conta tutte le foche che gli stanno intorno. Vuole sempre accertarsi che non ce ne sia una di più o una di meno. Poi si mette a dormire. Bisogna che tu, insieme a tre uomini tra i più robusti, vi travestiate da foche, e vi facciate trovare nella grotta quando lui arriverà. Lo assalirete non appena si sarà addormentato". E così facemmo: uccidemmo quattro foche, indossammo le loro pellicce ed entrammo nella grotta indicata da Eidotea. Proteo arrivò puntuale, contò le foche e si mise a dormire. Quando gli saltammo addosso, si mutò prima in un leone dalla fulva criniera, poi in un serpente, poi in una pantera, poi in un cinghiale, poi in acqua e infine in un albero dall'alta chioma. A un certo punto, però, interruppe le sue metamorfosi e noi ne approfittammo per costringerlo a parlare. Gli chiesi quali Dei avessi offeso e quali sacrifizi avrei dovuto offrire per farmi perdonare. Gli chiesi anche chi di noi Achei era destinato a morire durante il viaggio di ritorno, e chi, invece, ce l'avrebbe fatta a tornare in patria.»

A questo punto Menelao si fermò qualche secondo per bere una coppa di vino e tutti restarono senza fiatare finché non riprese il racconto.

«Il Vecchio del Mare allora mi disse: "Come prima cosa devi tornare in Egitto, ovviamente remando, data la calma piatta, e ivi giunto offrire a Zeus e agli Dei Immortali un ricco sacrificio sulle rive del Nilo, il fiume disceso dal cielo. Per quanto riguarda, invece, gli altri Achei, sappi che due di loro sono già morti durante il ritorno e che un terzo vaga sui mari ricchi di pesce". Al che io gli chiesi chi fossero i primi due e chi il terzo, e lui così mi disse: "Il primo a morire è stato Aiace Oileo. A spingerlo contro le scogliere Giree fu Poseidone in persona, il Dio che non perdona. Aiace, comunque, si sarebbe anche salvato se dopo essersi aggrappato a uno scoglio non si fosse vantato di averla fatta franca. Urlò che lui era il più forte di tutti e che era sopravvissuto anche a dispetto dei Numi, al che Poseidone con un secondo colpo di tridente gli polverizzò lo scoglio sotto i piedi. Il secondo eroe già morto, e qui mi spiace di essere io il primo a dovertelo dire, è tuo fratello Agamennone, il capo dei capi. Aveva appena baciato il suolo nativo, quando l'infame Egisto lo attirò in un perfido agguato: insieme a venti uomini prezzolati lo invitò a un banchetto, dove lo uccise come si uccide un toro nella greppia. Ora però non piangere, o glorioso Menelao, forse sei ancora in tempo per andarlo a vendicare, se non lo ha già fatto suo figlio Oreste".»

«E chi era il terzo eroe?» chiese Telemaco, la cui attesa era diventata spasmodica. «Anche se dovessi farmi soffrire, ti prego, o Menelao, di rivelarmene il nome.»

«Il terzo era per l'appunto tuo padre: Ulisse, il più astuto fra tutti i mortali. Proteo mi disse di averlo visto a Ogigia, un'isola sperduta al di là delle Colonne d'Ercole. La ninfa Calipso, figlia del tremendo Atlante, lo teneva avvinto a sé, un po' con la forza e un po' con la dolcezza. E, sempre a sentire il Vecchio del Mare, Ulisse, poverino, non aveva alcuna possibilità di fuga, essendo privo sia di navi dai lunghi remi, che di compagni che potessero remare.»

«E poi cos'altro disse?» chiese ancora Telemaco.

«Nulla che si riuscisse a capire» rispose Menelao. «Balzò a cavallo di un delfino e s'inabissò per sempre.»

Nel frattempo a Itaca, davanti al palazzo di Ulisse, si svolgevano gare di disco e di giavellotto. Tutti i Proci, spacconi come sempre, vollero parteciparvi, a eccezione di Antinoo ed Eurimaco che preferirono restare a guardare. A loro si rivolse il buon Noemone.

«Qualcuno di voi sa quando torna Telemaco?»

«Ma perché,» esclamò sbalordito Antinoo, «Telemaco è partito?»

«Sì, con la mia nave» rispose Noemone. «Ora io ne ho bisogno: devo recarmi in Elide dove ho un allevamento di muli non ancora domati.»

La notizia si sparse subito tra i pretendenti: questo Telemaco cominciava a tirare troppo la corda.

«Dobbiamo fermarlo,» disse Antinoo «datemi una nave con venti uomini e gli tenderò un agguato tra Itaca e la rocciosa Same.»

Canto V

Calipso

Laddove si narra di come Ulisse sia tenuto prigioniero dalla nin fa Calipso, e di come Hermes ordini a costei di lasciarlo partire e di aiutarlo a costruirsi una zattera. Il canto termina con una grande tempesta scatenata da Poseidone e con Ulisse che riesce ad approdare nell'isola dei Feaci.

Dal letto di Titone si levò l'Aurora dalle dita rosa e disse: «Signore e signori, ecco a voi Ulisse». E fece bene a dirlo, dal momento che era la prima volta che il figlio di Laerte compariva nell'*Odissea*.

Stava seduto su uno scoglio dell'isola di Ogigia e scrutava l'orizzonte, riparandosi dal sole con la mano destra. Era triste. I suoi occhi erano velati di lacrime. Pensava a sua moglie Penelope, così timida e riservata. Pensava a suo figlio Telemaco che, praticamente, non aveva mai conosciuto. Pensava all'amico Mentore, alla tata Euriclea, al cane Argo, al padre Laerte, alla madre Anticlea, e si chiedeva se fossero ancora vivi. Pensava alla sua cara Itaca. Squallida, se paragonata all'isola Ogigia dove si trovava in quel momento, ma affascinante per il suo aspetto selvaggio. L'isola di Calipso, senza dubbio, era bella a vedersi, con i prati sempre pieni di viole, i cespugli di rose e gli alberi da frutta che crescevano senza che nessuno li avesse mai seminati, ma anche noiosa e priva di sorprese. Itaca, invece, grazie a Demetra, era avara. Prima di regalare un frutto, un fiore o anche una semplice spiga di grano, pretendeva che gli isolani si spezzassero la schiena e si consumassero le mani. Eppure lui l'amava più di ogni altra terra al mondo. Avrebbe pagato qualsiasi cosa pur di rivederla ancora una volta!

Sul mare non s'intravedeva alcun segno di vita, non una vela, un'isola, un filo di fumo, uno scoglio, nulla insomma su cui puntare lo sguardo e sperare. E lui lì, con le mani in mano, a non fare niente, sequestrato da una ninfa che lo amava teneramente e che non lo perdeva d'occhio nemmeno per un istante. Non a caso le avevano messo nome Calipso. Ora, per chi non lo sapesse, il verbo καλύπτω, in greco, vuol dire «circondo», «avviluppo» e volendo anche «nascondo». Ebbene, Calipso lo aveva nascosto al resto del mondo e non gli consentiva nemmeno di tuffarsi in mare.

Quale differenza tra lei e Circe, l'altra donna che lo aveva tenuto prigioniero! Circe, diciamo la verità, era una ninfomane, però non era insaziabile: una volta soddisfatti i suoi desideri lo lasciava in pace. Calipso, invece, voleva amare ed essere riamata in ogni istante, ventiquattro ore su ventiquattro. Sempre a chiedergli: «Mi vuoi bene? Io te ne voglio moltissimo! E tu quanto me ne vuoi?». Omero sintetizza il tutto con l'espressione οὐκ ἐθέλων ἐθελούσῃ (*Odissea*, V, 155) che in greco vuol dire «lui svogliato e lei sempre vogliosa». Il vero problema di chi ha a che fare con le Dee è che mentre gli umani dopo un po' di tempo si annoiano, gli Immortali, in quanto progettati per l'eternità, non sanno che cos'è la monotonia, ignorano il valore del tempo e cosa vuol dire «perdere un anno». E lui, povero disgraziato, di anni, a Ogigia, ne aveva persi sette.

Nel frattempo, sull'Olimpo, al congresso degli Dei, si parlava di lui, e come sempre era Atena a prendere le sue difese.

«O Zeus, padre di tutti noi,» gemeva la Dea dagli occhi azzurri «e voi Dei Immortali, il misero Ulisse siede solo e inoperoso su uno scoglio dell'isola Ogigia. Guarda il mare sterminato e piange. Pensa ai suoi cari lontani e piange. E tutto questo perché una ninfa insaziabile lo tiene prigioniero con svenevolezze e parole mielate. Il tapino non possiede né una concava nave per prendere il mare, né compagni che possano remare per lui. Intanto i pretendenti gli hanno invaso la reggia e complottano per uccidergli il figlio.»

E Zeus, ridendo, le rispose:

«O figlia soltanto mia, ma non sei stata tu a progettare queste avversità? Come potrebbe vendicarsi il tuo protetto se oggi nessuno gli recasse offesa? Allora, di grazia, non prendertela con gli altri Dei. Pensa piuttosto ad aiutare il figlio, che al padre pensiamo noi.»

Quindi convocò Hermes, il Messaggero.

«O fido Hermes, va' ad annunciare alla ninfa Calipso queste mie irrevocabili decisioni. Innanzitutto lasci libero Ulisse. Lo aiuti a costruirsi una zattera e poi gli invii i venti più favorevoli acciocché possa raggiungere la terra dei Feaci. Costoro, essendo di stirpe divina, l'onoreranno come un Dio e gli offriranno una nave ben fatta con la quale raggiungere la patria.»

Hermes si allacciò i calzari alati, prese la verga d'oro con cui ipnotizzava i mortali, e si preparò al decollo dalla più alta cima dell'Olimpo. Poi, un po' imprecando per la lunghezza del viaggio e un po' lagnandosi perché non gli avevano lasciato nemmeno il tempo di farsi un cicchetto di nettare, si tuffò nell'aria puntando verso il lontano occidente. Chi lo avesse visto radere il mare, sfrecciando a meno di un metro dal pelo dell'acqua, lo avrebbe preso per un gabbiano.

La ricciolutа Calipso stava in fondo a una grotta in attesa che Ulisse tornasse dalla riva del mare. Cantava una dolce melodia e tesseva una tunica con fili d'argento, muovendo su e giù la spola dorata, quand'ecco, sotto l'arco della grotta, apparire in controluce il Dio dai calzari alati. La ninfa capì subito che era successo qualcosa di grave. Fino a quel momento gli Dei, considerandola una divinità minore, l'avevano sempre ignorata: se oggi le inviavano un personaggio del calibro di Hermes, il principe dei messaggeri, non era certo per mandarle un saluto. Decise, allora, di offrire al nuovo venuto una coppa di rosso nettare e un vassoio ricolmo di ambrosia, per poi attendere, rassegnata, la sentenza degli Dei Immortali.

Hermes bevve, mangiò e dette inizio alla missione.

«O divina Calipso, Zeus, il Signore del tuono, mi ha ordinato di venire da te, a Ogigia, e io, malgrado la lunghezza del viaggio, sono venuto. Come vedi: eccomi qui. So che hai un prigioniero di nome Ulisse, un uomo infelicissimo, naufragato sette anni or sono su quest'isola. Mi dicono che tu subito ne approfittasti e che da quel giorno non hai più voluto che andasse via. Ebbene, sappi che per volontà degli Dei Immortali, e in particolare di Zeus, è stato deciso che il tuo nobile ospite ritorni alla terra dove ebbe i natali.»

Non avesse mai pronunziato queste parole: Calipso subito si mise a piangere.

«Oh, Dei dell'Olimpo, quanto siete crudeli! Altro non sapete fare che prendervela con le Dee che si sono scelte come compagno un mortale. A suo tempo perseguitaste Demetra dai capelli d'oro perché si era unita a Iasione. Poi accusaste Eos, la Dea dell'Aurora, per essere andata a letto con Orione, e la poverina arrossisce ancora al ricordo dei rimproveri. E ora tocca a me, misera Calipso, dover rinunziare all'uomo che più di tutti ho amato nella vita. Ulisse arrivò a Ogigia più morto che vivo dopo un terribile naufragio, e fu proprio il tuo Zeus, se ben ricordo, a spezzargli in due la nera nave con una delle sue folgori. Tutti i suoi compagni perirono e lui fu l'unico a salvarsi, anche perché fui io, povera stupida, a portarlo a riva, più morto che vivo. Lo nutrii e gli rimasi vicino finché non riacquistò le forze. Ora che è tornato sano, e magari anche più bello, gli Dei lo rivogliono indietro, e io sarò costretta a ubbidire perché non è permesso a una ninfa di andare contro il volere di Zeus. D'accordo: lo lascerò partire. Vi avverto, però, che non posseggo navi, né tantomeno rematori. Al massimo potrò dargli dei buoni consigli.»

«Aiutalo come puoi,» concluse Hermes che non vedeva l'ora di andarsene «e fa' in modo che si costruisca una zattera. Poi supplica i venti perché lo spingano verso Oriente.»

Calipso trovò Ulisse ancora sullo scoglio, tutto intento a scrutare l'orizzonte.

«Non piangere, o mio infelice amore.» gli disse affranta. «Zeus desidera che tu torni alla sassosa Itaca e io, per ironia della sorte, dovrò anche aiutarti a fuggire. Taglia ordunque dei grossi tronchi, annodali ben bene e costruisciti una zattera capace di affrontare i marosi. Poi mettici sopra un cassero sufficientemente alto, un albero con un pennone e una grande vela. Io stessa provvederò a fornirti i viveri. Ti darò un otre pieno di acqua, un secondo otre colmo di vino rosso, una sacca di pane fresco e delle vesti asciutte in modo che tu abbia un ricambio completo quando quelle che indossi saranno zuppe di acqua di mare. Infine farò in modo che i venti soffino tutti nella giusta direzione.»

Ulisse però, diffidente come sempre, non le credette: era tutto troppo bello per essere vero e pertanto sospettava che la ninfa volesse tendergli una trappola.

«Non ti credo, o Calipso, e non salirò su nessuna zattera, se prima non mi avrai giurato sugli Dei dell'Olimpo che non stai tramando contro di me una nuova sciagura.»

Calipso, per quanto disperata, non poté fare a meno di sorridere: era il suo solito Ulisse, il più sospettoso dei mortali. Per farlo contento, si volse a Oriente, in direzione dell'Olimpo, e, postasi una mano sul cuore, giurò solennemente:

«Sulla terra su cui poggio i piedi, sui cieli che mi sovrastano e sull'acqua dello Stige che scorre veloce, giuro che contro di te non tramo né tramerò giammai! Troppo ti amo per poterlo fare!»

Poi, per convincerlo definitivamente, aggiunse:

«Mi hanno detto che desideri riabbracciare tua moglie e io ti aiuterò in tal senso, anche se non riesco proprio a capire perché la desideri tanto. Non sono certo a lei inferiore, né per l'aspetto né per la qualità di animo, e di sicuro Penelope non ti ama di più di quanto non ti ami io.»

E Ulisse così le rispose:

«Nessuno ha mai detto, o dolce Calipso, che sei inferiore a Penelope per bellezza o per sensibilità. Ciò non toglie che sia molto forte in me il desiderio di riabbracciarla. Gli affetti si costruiscono col tempo e io, ricordati, oltre a una moglie ho anche un figlio di cui non conosco nemmeno il viso. Senza contare i tanti amici che mi aspettano da sempre.»

«Chissà perché, voi mortali, sopravvalutate sempre gli affetti lontani e non vi accorgete di quelli vicini.»

«Perché col crescere dell'età sono proprio quelli lontani a crescere di più nell'animo.»

«Hai dimenticato, però, o mio adorato Ulisse, che con me non diventeresti mai vecchio. Ovemai, infatti, volessi restare a Ogigia, chiederei al sommo Zeus di concederti l'eterna giovinezza. Con me resteresti sempre giovane e bello. Con lei, invece, nel migliore dei casi, avresti una lunga e penosa vecchiaia.»

L'offerta, diciamo la verità, era il massimo che si può desiderare, e va a tutto merito dell'eroe averla rifiutata. Di Ulisse tutto si può dire, tranne che non avesse un forte attaccamento per la famiglia e per la patria. Restare sempre giovani, non avere più malattie, e andare a letto con una Dea, non è cosa di poco conto. E magari sarà stato anche per scusarsi di non aver accettato, che quella notte l'eroe acconsentì a fare l'amore. A dirla tutta, ne avrebbe fatto volentieri a meno, ma era troppo importante per lui avere tutti gli aiuti che gli erano stati promessi, e poi, alla fin fine, si trattava di una mezzoretta di coccole.

Calipso lo amò teneramente e pianse. Poi volle fare l'amore una seconda volta e pianse. Insomma fu un incubo!

Il mattino dopo Ulisse, alle prime luci dell'alba, cominciò la costruzione della zattera. Doveva farla abbastanza solida da poter attraversare una distesa di mare non indifferente. Abbatté venti alberi di alto fusto, i più dritti che riuscì a trovare, poi li sgrossò con una scure di bronzo procuratagli da Calipso, e infine li saldò con chiodi di legno e funi intrecciate. Poi, da quel bravo falegname che era, con i rami tagliati costruì un cassero sul quale salire per scrutare l'orizzonte. Al centro, infine, fissò un grosso albero capace di reggere una larga vela, e a poppa un robusto timone per poter guidare. Come ultimo tocco protesse i quattro lati dello zatterone con ampie stuoie di vimini.

Attese per cinque giorni che si alzassero i venti favorevoli, dopodiché issò la vela.

Quando prese il largo Calipso lo seguì dall'alto di una rupe, immobile come una statua. Aveva indosso una tunica d'argento i cui riflessi avrebbero seguìto Ulisse per molte e molte miglia. Mentre la zattera si allontanava, la Dea sperò fino all'ultimo che lui tornasse indietro. Oh, quanto lo avrebbe amato se solo avesse avuto un ripensamento! Oh, quanti baci gli avrebbe dato se solo si fosse trattenuto ancora un anno! Sarebbe diventata la sua piccola schiava. Avrebbe supplicato Zeus di renderlo immortale. Ma queste cose gliele aveva già dette e ridette senza riuscire mai a fargli cambiare idea. Lui e la sua maledetta zattera si allontanavano sempre di più: ormai erano diventati un punticino nero all'orizzonte. Come è possibile, si chiedeva Calipso, amarsi per sette anni e poi troncare tutto da un giorno all'altro, quasi senza parlare? Come avrebbe fatto a non vederlo più! «Torna, amore mio, torna!» urlava il suo cuore. L'eroe, invece, è crudele dirlo, non si girò nemmeno a guardarla.

Ulisse navigò per diciassette giorni di seguito, sempre orientandosi con le stelle. Si mantenne a sinistra delle Pleiadi e di Boote, e a destra del Grande Carro, così come lo aveva consigliato Calipso. La mattina del diciottesimo giorno, una volta levatasi la nebbia, intravide molto lontano, sull'orizzonte, i monti ombrosi dei Feaci. Stava già assaporando la gioia dell'approdo, quando venne avvistato da Poseidone.

«Qualcuno degli Dei Immortali» imprecò il Dio «ha approfittato della mia assenza per aiutare questo maledetto Ulisse. Fortunatamente me ne sono accorto in tempo. Adesso si accorgerà con chi ha a che fare: voglio sommergerlo di guai. Si pentirà di essersi messo in mare!»

Detto fatto, scatenò una di quelle burrasche che i marinai amano raccontare nelle sere d'inverno quando sono al sicuro davanti a un bicchiere di vino. Come prima cosa fece scendere la notte. Poi radunò tutte le nuvole che riuscì a trovare. Quindi scosse il mare più volte con il tridente. E infine comandò ai venti Borea, Noto, Euro e Zefiro di soffiare tutti contemporaneamente e tutti da direzioni diverse, in modo da sollevare immensi cavalloni.

«O Dei che dall'alto mi state guardando, cosa sarà di me?» gridò l'eroe, aggrappandosi al timone. «Vedo già l'ombra di Thanatos[1] che sta per ghermirmi con le sue avide mani! Mille volte meglio sarebbe stato morire con le armi in pugno nella piana di Troia, sulle rive dello Scamandro. Lì, almeno, avrei ricevuto gli onori funebri dagli Achei dai lunghi capelli e il rispetto di tutti!»

Non aveva ancora terminato l'invocazione che un'onda gigantesca sollevò l'imbarcazione in aria per cinque o sei

[1] Thanatos - Θάνατος: Dio della morte.

metri, facendola poi ripiombare tra i flutti. L'albero si spezzò in due tronconi, il timone gli sfuggì di mano e lui stesso venne scaraventato in mare, finendo sott'acqua. A stento riemerse vomitando acqua salata, e infine, con la sola forza della disperazione, riuscì ad avvinghiarsi a quello che era rimasto della zattera.

In quel momento gli apparve Ino, una delle figlie di Cadmo.

«O sventurato,» lo commiserò la Dea dalle belle caviglie «se vuoi salvarti, togliti subito gli abiti che hai indosso, abbandona il relitto su cui stai aggrappato e cerca di raggiungere a nuoto la terra dei Feaci. Non preoccuparti dei marosi. Legati intorno alla vita questo velo magico: ti manterrà a galla finché non avrai raggiunto la riva. Appena sarai in salvo, però, ributtalo in mare e non voltarti indietro a guardarlo.»

Diffidente come al solito, Ulisse non volle accettare i consigli della Dea.

«E se fosse un trucco degli Dei per farmi affogare?» pensò. «Nossignore: io non mi getterò in acqua, almeno fino a quando avrò un legno a cui aggrapparmi.»

Ma un'ennesima onda, terribile, enorme, ancor più alta della precedente, disfece il relitto disperdendone i rottami. Al che Ulisse si decise: liberatosi dalle vesti che gli aveva regalato Calipso, indossò il velo fatato di Ino a mo' di salvagente. Nella circostanza, per sua fortuna, lo vide Atena, che decise di scendere anche lei dall'Olimpo per dargli una mano: con l'aiuto del vento Borea, la Dea gli spianò il tratto di mare che lo separava dalla terra dei Feaci. Lui, allora, nuotando per due giorni e due notti, giunse in vista della riva agognata. Purtroppo l'approdo non si presentava dei più semplici: era tutto un susseguirsi di punte e di scogli aguzzi e taglienti. Si sarebbe di certo sfracellato sulle rocce, se solo avesse provato ad avvicinarsi. Non c'era né una spiaggia, né un'insenatura dove poter prendere terra. Allora, con un ultimo sforzo, continuò a nuotare intorno all'isola, finché non intravide l'imboccatura di un fiume.

«O Signore del Fiume,» supplicò Ulisse giunto ormai allo stremo «chiunque tu sia, ti scongiuro: sono appena sfuggito all'ira di Poseidone. Abbi pietà di me: accoglimi tra le tue braccia.»

E il Dio del fiume frenò la corrente consentendo all'eroe di raggiungere una delle rive. Una volta a terra, Ulisse vide a un centinaio di metri di distanza un boschetto dove potersi nascondere. Corse con le ultime forze che gli erano rimaste e si gettò dietro una siepe, finalmente al riparo dai marosi e dagli uomini. Atena allora lo raggiunse e gli chiuse le palpebre immergendolo in un dolce sonno.

Canto VI

Nausicaa

Laddove si narra di come Ulisse, ridestatosi dopo il naufragio, veda Nausicaa e le sue ancelle, tutte nude, che giocano a palla. Anche l'eroe è nudo, ma, una volta copertosi alla men peggio con delle foglie, prega Nausicaa di portarlo da suo padre Alcinoo, re dei Feaci.

Dovendo scegliere miss *Odissea* non avrei dubbi: Nausicaa è di gran lunga la migliore, e sono in grado di dimostrarlo.

I personaggi femminili dell'*Odissea* sono quattro: Penelope, Circe, Calipso e Nausicaa. Penelope è una donna sulla quarantina, triste e senza alcuna voglia di divertirsi. Spesso e volentieri piange. Di giorno indossa un fitto velo che le copre il viso e di notte passa il tempo a distruggere la tela. Circe, invece, è quella che è, ovvero una sporcacciona, oltretutto tenutaria di una casa di appuntamenti, capace di vendersi al primo venuto per quattro soldi. Calipso è la peggiore di tutte: tiene prigioniero il povero Ulisse per sette anni e non lo molla mai, nemmeno per un minuto: sempre a chiedergli se le vuole bene e sempre a dirgli che lei gliene vuole moltissimo. Nausicaa, grazie a Dio, è giovane, spensierata, bella, nuda e gioca a palla. «Non ho mai visto», le dice Ulisse al verso 160, «una creatura più bella di te: più ti guardo e più ne resto incantato.» E io gli credo sulla parola.

Ma riprendiamo il filo del racconto. Avevamo lasciato Ulisse addormentato dietro una siepe dove si era nascosto dopo aver raggiunto a fatica la riva. Lui, naturalmente, non può sapere dov'è finito, se in una terra abitata da belve feroci o, peggio ancora, da popolazioni che lo faranno a pezzi. L'unica cosa che sa, con certezza, è che Poseidone gli ha riservato giorni difficili. Almeno così gli ha detto Calipso e lui le crede, se non altro perché glielo ha giurato su tutti gli Dei dell'Olimpo. Anche se tra gli Dei, non dimentichiamolo mai, c'è sempre Atena che lo protegge, e che, proprio per dargli una mano, appare in sonno a Nausicaa, la bella figlia del re dei Feaci, assumendo le vesti di un'amica.

«O dolce Nausicaa,» le dice Atena «perché sei così trascurata? Le tue vesti giacciono tutte sporche, ammonticchiate, in un angolo della stanza. Non essere negligente: cerca di tenerle in ordine. Sappi che non a lungo resterai vergine. Da tempo, ormai, i più nobili tra i Feaci ti hanno notata e vorrebbero chiederti in sposa. Preparati allora al grande giorno, e domani, alle prime luci dell'alba, fatti dare da tuo padre un carro e porta le tue vesti in riva al mare, lì dove sono i lavatoi.»

Quando l'Aurora si levò dal suo trono bellissimo, Nausicaa si ricordò del sogno che aveva fatto e corse a raccontarlo ai genitori. Al che il padre dette subito ordine ai servi perché allestissero un carro sufficientemente grande da ospitare sua figlia e tutte le ancelle. Il caso volle che i lavatoi fossero situati proprio accanto al cespuglio dietro al quale Ulisse si era messo a dormire.

Giunte sul posto, le ragazze si spogliarono, sia perché desideravano fare un bagno, sia perché volevano lavare le loro vesti insieme a quelle della figlia del re. In attesa, poi, che il sole le asciugasse, si misero a giocare a palla e fu allora che un lancio non ben calibrato finì col cadere in acqua. Il conseguente schiamazzo svegliò l'eroe.

«Dove mi trovo?» si chiese Ulisse. «Sento un allegro vociare di fanciulle.»

Ora, mettiamoci nei suoi panni, anzi nella sua nudità, e immaginiamoci la scena: si sveglia in una terra sconosciuta e vede innanzi a sé una decina di ragazze nude che giocano a palla. Anche lui è nudo. Poco prima, infatti, per indossare il velo salvagente regalatogli da Ino era stato costretto a liberarsi dei vestiti. A questo punto non sa più che fare. Non può né continuare a nascondersi, come se fosse un guardone, né mostrarsi all'improvviso con addosso solo una patina di salsedine. E allora che fa? Strappa un ramo carico di foglie e se lo mette sul davanti in modo da coprire quelle che Omero poeticamente definisce «le vergogne di uomo». Quindi esce allo scoperto. Come un leone, dice il poeta, che sbuca all'improvviso in un gregge di pecore. Fuga generale delle ancelle. Solo Nausicaa non si muove e lo guarda incuriosita: non per nulla lei è la figlia del re, e l'essere di sangue reale, a volte, conferisce una sicurezza che le altre donne non hanno.

Ebbene, nessuno mi crederà, ma quando stavo al ginnasio (sto parlando, sia chiaro, degli anni Quaranta) questa scena non c'era nella mia *Odissea*: era stata censurata dall'editore. Dal verso 127 al verso 138 c'erano dodici righe di puntini di sospensione. Ricordo anche che un mio compagno di classe, tale Mautone, più volte ripetente, mi comunicò in gran segreto di aver letto nell'*Odissea* di suo padre che l'eroe, alla vista delle ancelle nude, si era perfino masturbato. Io, ovviamente, gli credetti, anche perché a quell'età non pensavo ad altro. Ecco qui di seguito i versi incriminati:

> Detto così, sbucò dagli arbusti il chiaro Ulisse,
> dalla fitta selva ruppe con la mano robusta un ramo
> di foglie, per coprirsi nel corpo le vergogne di uomo.

Mosse come un leone montano sicuro del proprio vigore,
che avanza battuto dalla pioggia e dal vento, gli ardono
gli occhi, e si getta tra buoi e tra pecore
o dietro a selvatiche cerve: anche in un fitto recinto
il ventre lo spinge ad entrare, per assalire le greggi;
così s'accingeva Ulisse ad andare, benché fosse nudo,
tra le fanciulle dai riccioli belli: lo premeva il bisogno.
Orribile a esse apparve, bruttato dalla salsedine:
fuggirono atterrite qua e là per le rive sporgenti.
(*Odissea*, VI, 127-138, ed. Mondadori, trad. A. Privitera)

Omero, invece, al contrario di quanto malignamente pensavamo io e Mautone, ci mostra un Ulisse timido che si getta ai piedi di Nausicaa e la supplica.

«O immagine divina, che tu sia una Dea o una donna non importa: aiutami! Se sei una Dea, dovresti essere Artemide, giacché è a lei che somigli in modo impressionante, se sei invece una donna, tre volte felici dovrebbero essere tuo padre e tua madre, e tre volte felici i tuoi fratelli! Ma più di tutti sarà felice colui che per primo ti condurrà nel talamo nuziale. Io non vidi mai una donna più bella di te. Eppure ho visto da vicino Elena, la figlia di Zeus.»

Nausicaa a queste parole, come qualsiasi altra donna del resto, non poteva che sentirsi lusingata. Ragione per cui continuò ad ascoltare lo straniero con crescente interesse.

«Sono appena scampato da una tempesta scatenatami addosso da Poseidone» proseguì Ulisse. «Il mare color del vino[1] stava quasi per inghiottirmi, quando un'onda più alta delle altre mi gettò su queste terre. Ora io ti chiedo: dove sono finito? Dov'è la tua città? Non conosco questi siti. Fammi da guida e regalami un cencio qualsiasi, in modo

[1] Questa espressione il «mare color del vino» (οἴνοπι πόντῳ) è abbastanza frequente nella poetica omerica. Evidentemente il poeta si riferisce al colore scuro, violaceo, che assume il mare quando è in tempesta. Cfr. *Odissea*, V, 133; V, 221; VII, 250; XII, 388; eccetera.

che io mi possa coprire. E in cambio, che gli Dei ti donino tutto ciò che desideri.»

E Nausicaa rispose:

«Ascoltami bene, o uomo venuto dal mare: da come parli non mi sembri né un malvagio, né un folle. Pertanto ti rivelerò il mio nome e quello del mio popolo. Non so se te ne rendi conto, ma hai avuto una gran fortuna a finire sulle nostre spiagge: questa è la terra dei Feaci, popolo amante della pace. I Feaci non prediligono l'arco e le frecce, ma i remi e le vele. Io mi chiamo Nausicaa e sono la figlia del grande Alcinoo, il re che su tutte queste terre comanda.»

Poi, rivolta alle ancelle, gridò:

«E voi, stupide, perché scappate? Possibile che la vista di un uomo nudo vi terrorizzi a tal punto? Noi Feaci siamo molto cari agli Dei e nessun essere umano che tenga alla propria vita sarebbe così stupido da farci del male. Costui è uno sventurato, a stento sopravvissuto a un naufragio: abbiatene cura. Lasciate che si lavi nelle acque del fiume, al riparo del vento, e subito dopo procurategli del cibo e delle vesti asciutte.»

Le ancelle tornarono sui loro passi e, un po' ridendo, e un po' evitando di guardarlo lì dove un uomo non deve essere guardato, misero accanto a lui un'ampolla d'olio, un otre pieno d'acqua, un vassoio pieno di cibo, una tunica e un mantello di lana.

«Grazie, o ancelle, per l'aiuto che mi date,» disse Ulisse «ora, però, vi prego di allontanarvi quel tanto che basta per far sì che mi lavi e mi unga da solo, giacché ho vergogna a farmi vedere nudo da fanciulle che hanno riccioli così belli.»

Ciò detto, s'immerse nel fiume, si ripulì ben bene, bevve e si sfamò. Quindi, una volta sazio, si unse e indossò la tunica e il mantello che gli avevano preparato. Per l'occasione, infine, Atena vi aggiunse del suo: lo fece diventare più alto e più bello, in modo da impressionare favorevolmente i Feaci, non appena Nausicaa lo avesse portato in città.

Ma soffermiamoci un pochino su Nausicaa: noi ce la immaginiamo una vergine candida e ingenua. E invece non lo era affatto: come vide l'eroe al massimo del suo splendore, bello e maestoso come una statua, perse del tutto la testa.

«O ancelle dalle candide braccia,» comunicò alle sue amiche più care «guardate quest'uomo venuto dal mare. Prima sembrava un relitto, ora è diventato simile a un Dio. Ah se potessi avere anch'io, come sposo, un uomo simile: non mi staccherei da lui per tutta la vita!»

E dopo questa esplicita proposta di matrimonio, Omero ci offre un esempio di come, fin d'allora, furoreggiasse il pettegolezzo.

«Adesso andremo in città» disse Nausicaa a Ulisse. «Io ti guiderò a Scheria, nella reggia di mio padre, dove incontrerai i più nobili dei Feaci. Tu, però, di grazia, o straniero, non startene al mio fianco. Seguimi a piedi, insieme alle ancelle, e a debita distanza. Non vorrei che qualche malalingua cominciasse a pensare: "Ma chi è quell'uomo così bello che sta seduto accanto a Nausicaa? È lui che l'ha avvicinata o è lei che l'ha cercato?". In tal caso, credimi, proverei una gran vergogna.»

Detto questo, con la lucida frusta sferzò le mule perché si mettessero in cammino. Per maggior precisione le incitò, ma non tanto da perdere di vista Ulisse che la seguiva a piedi insieme alle ancelle.

Canto VII

La reggia di Alcinoo

Laddove si narra di come Ulisse, a Scheria, incontri Atena, travestita da giovinetta, che gli suggerisce d'ingraziarsi la regina Arete, e di come Alcinoo, re dei Feaci, prima gli offra la figlia Nausicaa in sposa e poi gli prometta una nave per riportarlo a Itaca.

Nel settimo canto non accade nulla d'importante, o quasi: è un canto interlocutorio. Faremo la conoscenza di un altro re, di un'altra regina e di un'altra reggia, e assisteremo come al solito a un grandioso banchetto dove tutti mangiano a più non posso. Il fatto che in quasi tutti i canti dell'*Odissea* si beva e si mangi non ci deve meravigliare più di tanto: ci fa capire, piuttosto, quanto il cibo fosse importante a quell'epoca. Evidentemente gli ascoltatori di Omero si sentivano molto più tranquilli quando gli eroi erano sazi: per loro era quasi un mangiare per interposta persona. Ma procediamo con ordine.

Ulisse, per non compromettere Nausicaa, una volta entrato a Scheria, si staccò dal corteo, e finì per smarrirsi. Girò una mezz'oretta per strade e stradine finché non si decise a chiedere aiuto a una passante. Chi poi fosse questa passante è facile immaginarselo: era Atena, questa volta travestita da giovinetta, con la classica brocca d'acqua tra le braccia.

«Potresti indicarmi, o fanciulla,» le chiese Ulisse «dov'è la reggia del divino Alcinoo?»

E lei dolcemente rispose:

«Certo che posso, o straniero: va' sempre diritto e ti troverai di fronte a un maestoso palazzo. Lì dentro vivono i sovrani dei Feaci, tutti e due seduti a banchetto. Entra e non avere timore: ti riceveranno con la massima cortesia. Ricordati, però, che prima di ogni altro dovrai ossequiare la regina. Avvicinati a lei con rispetto e abbracciale le ginocchia. Poi dille con calma tutto ciò che desideri. È lei a decidere ogni cosa nelle terre dei Feaci. Alcinoo fa il re, ma le ubbidisce in tutto e per tutto. La regina si chiama Arete, è di animo mite ed è felice quando può appianare i contrasti tra coloro che ama. Se poi ti prende in simpatia non avrai più problemi nel corso della vita: tutto quello che vuoi ti sarà dato. Basterà chiedere. Il popolo la venera come se fosse una Dea.»

Ciò detto, lo avvolse in una magica nebbia e lo accompagnò fin dentro le mura del palazzo. Manco a dirlo, la reggia di Alcinoo era ancora più ricca di quella di Menelao. Ecco qui di seguito un elenco (incompleto) dei particolari che colpirono Ulisse: le pareti di bronzo, le porte d'oro con gli stipiti d'argento, le architravi anch'esse d'argento, le soglie di bronzo e le maniglie d'oro massiccio. Ai lati, poi, di ogni porta, due grossi cani, uno d'oro e uno d'argento, entrambi dono di Efesto, capaci perfino di abbaiare malgrado fossero di metallo. I troni, infine, tutti ricoperti da drappi di porpora ricamati in oro e in argento, e ciascuno affiancato da due statue d'oro di giovanetti con in mano le fiaccole accese. Chiedo scusa se ho nominato tante volte l'oro e l'argento, ma la ripetizione non è mia, bensì di Omero.

Una volta entrato nel palazzo, la magica nebbia si sciolse e l'eroe comparve in tutto il suo splendore davanti agli occhi stupiti di Alcinoo e di Arete:

«Chi è costui?» si chiesero. «È un Dio o un Demone? E che cosa vuole da noi?»

Atena, da brava sceneggiatrice, aveva previsto la sorpresa dei reali e la conseguente attenzione. Da parte sua Ulisse, prima ancora che le loro maestà gli potessero rivolgere delle domande, si gettò ai piedi della regina.

«O splendida Arete, o figlia del divino Rexenore, alle ginocchia tue m'inchino e a quelle del tuo illustre sposo! Sono appena scampato a un tremendo naufragio e il mio massimo desiderio sarebbe quello di tornare nella mia cara Itaca. Si dice che i Feaci siano famosi in tutto il mondo per la velocità delle loro navi e per l'abilità che hanno nel condurle dove vogliono. Concedimi, allora, o divina signora, una nave, e, insieme a essa, un equipaggio, in modo che io possa riabbracciare i miei cari, da cui sono lontano da molto tempo.»

Arete fece un lieve cenno d'assenso al marito e questi prese la parola.

«O principi Feaci,» esordì il re, rivolgendosi ai consiglieri di corte che gli stavano intorno, «io penso che come prima cosa sia necessario invitare il nostro ospite a bere e a mangiare, e solo in un secondo momento, quando si sarà saziato, e dopo che noi avremo fatto i dovuti sacrifizi agli Dei, potremo discutere con lui della nave e dell'equipaggio.»

Ma a questo punto Arete sentì il bisogno di chiedere a Ulisse qualcosa di più preciso: aveva riconosciuto le vesti che lo straniero portava come appartenenti a sua figlia Nausicaa, e voleva capire in quale modo gli fossero finite addosso.

«Toglimi una curiosità, o forestiero, tu ci hai appena detto di essere sfuggito alla furia dei marosi. Eppure, a guardarti, non hai l'aspetto di un naufrago. Chi ti donò queste vesti?»

E qui Omero ne approfitta per fare un breve riassunto delle puntate precedenti: evidentemente anche a quei tempi c'era il problema dei riepiloghi, tipico dei romanzi d'appendice e dei *serial*. Per chi, infatti, si fosse messo all'ascolto solo al settimo canto, era indispensabile conoscere l'antefatto.

«È difficile, o mia regina,» rispose Ulisse «narrarti le innumerevoli sventure che mi sono capitate. Fino a poco tempo fa risiedevo nell'isola Ogigia, prigioniero di una ninfa dai bei capelli chiamata Calipso. Ero giunto a lei dopo che il divino Zeus mi aveva spaccato in due la concava nave durante una tempesta. In quel naufragio morirono tutti i miei compagni: io solo mi salvai. E fu proprio la scaltra Calipso a raccogliermi dopo che per nove giorni e nove notti ero rimasto aggrappato alla chiglia della nave. In cambio della salvezza, però, la Dea mi tenne prigioniero, nella sua isola, per sette lunghissimi anni. Durante l'ottavo, infine, per ordine di Zeus, fu costretta a lasciarmi partire, e io, su una zattera di tronchi legati, navigai per diciotto giorni e diciotto notti finché una tempesta, ancora più violenta delle precedenti, non mi scaraventò sulle terre dei Feaci. Qui giunto, un sonno profondo mi prese e quando mi svegliai vidi un gruppo di leggiadre fanciulle che giocavano a palla. Tra di esse la più bella e la più saggia si chiamava Nausicaa. Io la supplicai e lei mi fece dare dalle ancelle cibo e vino in abbondanza, e in più, mi donò anche le vesti che ora mi vedi indosso.»

Al che Alcinoo gli chiese:

«Perché non ti accompagnò lei stessa alla reggia?»

«In verità, avrebbe voluto farlo. Fui io a rifiutare il suo aiuto, nel timore che tu, come padre, vedendomi insieme a lei, ti potessi adirare.»

«Grazie dell'attenzione, o mio ospite, ma ti confesso che non sono così possessivo da adirarmi solo per un sospetto. Anzi, visto il tuo aspetto divino, volessero gli Dei che tu accettassi mia figlia in sposa, qui rimanendo a Scheria. Sarei felice, infatti, che tu restassi con noi, tra i Feaci. Ti darei con gioia tutto ciò che desideri: casa e ricchezze. Ma se, al contrario, in te cova più la nostalgia della patria che non il desiderio di un nuovo amore, allora ti fornirò la concava nave che mi hai chiesto e l'equipaggio relativo per condurla dove meglio ti aggrada. Avrai modo così di apprezzare la velocità delle nostre barche e la forza dei giovani che alzano col remo l'acqua del mare.»

Si era fatto tardi e Ulisse, dopo aver collezionato un'altra proposta di matrimonio, andò a dormire.

Canto VIII

Alla corte dei Feaci

Laddove si narra di come Alcinoo presenti Ulisse ai principi Feaci e di come, subito dopo, indica delle gare sportive alle quali l'eroe partecipa vincendo nel disco. È quindi la volta di due giocolieri e di un aedo al quale Ulisse chiede di raccontare l'episodio del cavallo di Troia.

Alcinoo in onore di Ulisse convocò una grande assemblea presso le navi. Desiderava che l'ospite, prima di tornare in patria, si rendesse conto che i Feaci non erano un popolo che pensava solo a bere e a mangiare, ma che, come tanti altri Greci, amavano la danza, la recitazione, il canto e lo sport. Insomma, non doveva credere che, solo perché vivevano ai confini del mondo, fossero anche dei selvaggi.

A fare da *promoter*, come sempre, provvide Atena: andò su e giù per la città di Scheria, travestita da araldo, e a tutti quelli che incontrava diceva:

«Presto, presto, correte alla spiaggia! Il divino Alcinoo ha indetto un'assemblea generale. Sarà presente anche quello straniero venuto dal mare. Tutti dicono che è simile a un Dio!»

Poi, per tener fede alle promesse, versò sul capo di Ulisse pregi in quantità, rendendolo più alto e più affascinante. E, a questo proposito, quanto mi sarebbe piaciuto avere avuto anch'io nella vita una come Atena che mi avesse aiutato nei momenti decisivi. Che so: quando mi presentai alla IBM per essere assunto, oppure in terza liceo quando dichiarai il mio amore a una ragazzina di nome Giuliana, per la quale avevo perso completamente la testa, o anche quando, per la prima volta, ho portato il manoscritto di *Così parlò Bellavista* alla Mondadori. E invece, mi sono sempre dovuto accontentare di ciò che in quel momento passava la moda: un po' di crema abbronzante per sembrare meno pallido, e un paio di tacchi con un centimetro in più per sembrare più alto.

Seduto sul trono di pietra ben levigato, Alcinoo prese la parola.

«O Principi Feaci, e voi Consiglieri tutti, quest'uomo che mi sta accanto è venuto da molto lontano, "errando e soffrendo" per usare le sue stesse parole. Io, a essere sincero, non so chi sia, sento però nel cuore una voce che mi spinge ad aiutarlo. Lui vorrebbe una concava nave per poter tornare in patria e riabbracciare la moglie e il figlio. E allora accontentiamolo, dico io, e reclutiamo cinquantadue tra i nostri giovani più robusti perché lo accompagnino nel lungo viaggio. In attesa, però, che venga armato un vascello e scelto un equipaggio, diamo inizio alle nostre gare annuali: che lo straniero, tornando a casa, possa dire ai suoi compatrioti: "Ho conosciuto i migliori del mondo nella lotta, nel pugilato, nel disco, nella corsa e nel salto: sono i Feaci!".»

La proposta di Alcinoo ebbe molto successo: i giovani più in gamba di Scheria si fecero avanti, e noi, grazie alla pignoleria di Omero, siamo in grado anche di darvene i nomi (in scrupoloso ordine alfabetico): Acroneo, Alio, Anabesineo, Anchialo, Anfialo, Clitoneo, Elatreo, Eretmeo, Eurialo, Laodamante, Nauteo, Ochialo, Ponteo,

Primneo, Proreo e Toonte. Per la cronaca (sportiva) la corsa fu vinta da Clitoneo, il salto in alto da Anfialo e la gara del disco da Elatreo. Mentre gli incontri di lotta e di pugilato furono vinti rispettivamente da Eurialo e da Laodamante. Il primo era il più bello dei Feaci, ma anche il più rozzo. Il secondo, uno dei tanti figli di Alcinoo.

Anche Ulisse fu invitato a partecipare.

«O straniero,» gli disse Laodamante «vieni anche tu a misurarti con noi. Non c'è per un uomo maggior gloria di quella che riesce a procurarsi con le proprie mani.»

Ma l'eroe, prudentemente, rifiutò l'invito.

«In verità, o Laodamante, in questo momento non credo di avere l'animo giusto per partecipare a una gara sportiva. Essendo il mio cuore e il mio pensiero tutto rivolto alla patria.»

Purtroppo per Ulisse, però, il rifiuto non venne bene interpretato dai giovani Feaci.

«A essere sincero,» insinuò l'arrogante Eurialo con un mezzo sorrisino «la tua mi sembra solo una scusa: io penso, invece, che tu sia più esperto nei commerci che nella lotta. T'immagino a capo di marinai che fanno i mercanti, e sono convinto che badi più alle merci che non al timone. E anche dal modo come parli, non mi sembri affatto un atleta.»

Dal che si capisce quale fosse in Grecia l'opinione che i comuni mortali avevano dei commercianti. Lavorare, sudare, comprare e vendere erano tutte attività disdicevoli, soprattutto se messe a confronto col mestiere dell'atleta o del guerriero.

L'offesa, comunque, era grave, vuoi per il tono, sottolineato dal sorrisino di sufficienza, vuoi per i contenuti, e Ulisse in qualche modo si vide costretto a rispondere.

«O ragazzo,» replicò «non è bello quello che hai appena detto. Sono sempre gli Dei a donare ai mortali le doti per emergere. Ad alcuni concedono la forza, ad altri la bellezza, e ad altri ancora l'intelligenza. Con te, ad esempio, mio caro Eurialo, sono stati generosi in quanto a bellezza e forza, non altrettanto in intelligenza, motivo per cui, mi spiace dirlo, la tua testa è vuota. Io non sono un inesperto di gare, anzi: nel mio paese, a Itaca, ero tra i migliori quando ancora la gioventù albergava il mio corpo. Accetto, comunque, la sfida.»

E, così dicendo, afferrò un disco, il più grande che vide, e dopo aver roteato tre volte su se stesso (aiutato anche in questo da Atena) lo lanciò così lontano, ma così lontano, da superare tutti i lanci fatti fino a quel momento. Un «oh» di stupore si levò dalla folla.

«E ora» aggiunse l'eroe «se c'è qualcuno che volesse misurarsi con me nella lotta, nel pugilato o nel tiro dell'arco, si faccia avanti. Nella corsa con ogni probabilità perderei, soprattutto se l'avversario fosse molto più giovane di me, ma non nell'arco, dove credo di essere ancora il più forte dei mortali, e dove soltanto il sommo Filottete una volta riuscì a battermi.»

Eurialo avrebbe voluto replicare ma Alcinoo, proprio per placare gli animi che si andavano riscaldando, tolse a tutti la parola.

«O mio divino ospite,» disse rivolgendosi a Ulisse «non giudicarci male: può essere che qualcuno di noi, tradito dalla foga giovanile e dalla presunzione, si sia rivolto a te in modo poco rispettoso. Sappi, però, che non siamo tutti uguali: amiamo molto le gare e gli atleti, ma non al punto da trascurare il banchetto, la cetra, la recitazione, la danza, il canto, i bagni caldi e l'amore.» Poi, rivolgendosi agli araldi: «Che qualcuno faccia venire Demodoco e che l'aedo mostri all'ospite come i Feaci non sono solo appassionati di lotta, ma anche estimatori dei poeti. Con Demodoco le Muse furono generose e avare nel medesimo tempo: con una mano gli donarono la voce e con l'altra gli tolsero la vista».

L'aedo cieco prese la cetra e cominciò a cantare una specie di sceneggiata, ovvero gli amori di Afrodite e Ares, e la conseguente gelosia di Efesto. Due episodi più di tutti conquistarono l'uditorio: quello in cui gli amanti s'incontrano per la prima volta in casa di lei, e quello in cui il Sole va a spifferare tutto al marito. E qui, per capire fino in fondo lo spirito del mito, è indispensabile sapere che Efesto era molto brutto, Afrodite molto bella e Ares molto cattivo. Come a dire: *Isso, Essa e 'o Malamente.*

Il povero Efesto, nella parte di *Isso,* saputo come stavano le cose, non batté ciglio e, da abile artigiano quale era, piazzò sotto al soffitto della propria camera da letto una grande rete metallica, sottile come una tela di ragno. La fissò in modo che precipitasse sugli adulteri, non appena il letto sottostante avesse avuto dei sobbalzi. Dopodiché comunicò alla moglie che doveva recarsi con urgenza in ufficio, ovvero nell'isola di Lemno, dove, all'interno di un vulcano, aveva installato la sua officina. È inutile precisare che, non appena Efesto uscì di casa, *Essa* mandò subito a chiamare il *Malamente,* dando modo così a *Isso* di coglierli in flagrante.

Fino a questo punto a Efesto va tutta la nostra simpatia. Dove, invece, cominciamo a prendere le distanze, è quando lui, allo scopo di umiliare gli adulteri, decide di mostrarli, nudi com'erano, a tutti gli Dei maschi dell'Olimpo (essendo state escluse le femmine per evitare che vedessero le vergogne di Ares). Ebbene, com'era facile prevedere, i due fetentoni non si vergognarono affatto, e gli Dei, alla vista di Afrodite tutta nuda, invidiarono moltissimo Ares.

«O Hermes dallo sguardo acuto,» disse Apollo al Messaggero «sii sincero: ti piacerebbe stare al posto di Ares, seppure in catene?»

«Magari lo potessi!» sospirò il Messaggero. «Anche se le catene fossero tre volte più pesanti, e i nodi tre volte più stretti, e a guardare ci fossero, non solo gli Dei, ma anche le Dee, sarei sempre il più felice degli Immortali!»

Questo commento fece sì che il giorno dopo la bionda Afrodite, a titolo di ringraziamento, s'infilasse nel suo letto, generando, nove mesi dopo, un pargoletto sia maschio che femmina chiamato Ermafrodito in omaggio ai suoi genitori.

Tutti applaudirono il racconto dell'aedo. Dopodiché, a completare lo spettacolo, si presentarono due giovani: Alio e Laodamante. La loro specialità era la danza acrobatica. Avevano con sé una palla purpurea che, a turno, gettavano in aria, salvo poi riprenderla un attimo prima che toccasse terra. Tra un lancio e l'altro, poi, intrecciavano passi di danza e ardite acrobazie. Ulisse rimase molto colpito dalla bravura dei danzatori e fece i suoi complimenti ad Alcinoo. La serata proseguì con una grande distribuzione di doni, tra cui una splendida spada di bronzo con l'elsa d'argento e la custodia in avorio, che Eurialo volle per forza regalare a Ulisse, forse per farsi perdonare delle frasi provocatorie rivoltegli poco prima.

«Che tu non debba mai rimpiangere di avermi donato questa spada» fu il sincero ringraziamento dell'eroe.

Seguì la solita grande abbuffata, alla fine della quale Ulisse, scorgendo tra i commensali Demodoco, sentì il bisogno di chiedergli se conosceva qualche episodio della guerra di Troia.

«Più di qualsiasi altro uomo io t'invidio, o Demodoco,» gli disse «per questa tua capacità di raccontare le gesta degli eroi. A volte, ascoltandoti, ho quasi l'impressione che tutte queste scene tu le abbia già viste di persona, o che ti siano state riferite da qualcuno che le abbia vissute sulla propria pelle. Ora però, proprio perché io possa conservare nel cuore ancora più a lungo il tuo nome, cantami, ti scongiuro, la storia del cavallo di legno, quello costruito da Epeo con l'aiuto di Atena, e spiegami come fecero gli Achei dalle corazze di bronzo a conquistare la città di Priamo.»

L'aedo, allora, a gentile richiesta, narrò di come gli Achei bruciarono le proprie tende e finsero di abbandonare la piana di Troia. Poi descrisse con estrema precisione il cavallo di legno, spiegando com'era fatto, quanto era alto, e quanti armati poteva contenere. Citò i nomi di tutti gli eroi che si nascosero nel suo ventre. Raccontò di come i Troiani restarono stupefatti nel vedere un così bel monumento abbandonato sulla spiaggia deserta. C'era infatti chi, temendo i Danai perfino come donatori,[1] voleva trafiggerlo con le lance, o farlo precipitare giù da una rupe, e chi, al contrario, custodirlo a memoria perenne della guerra appena finita. Poi raccontò di quando gli eroi uscirono nottetempo dal cavallo e di come incendiarono e saccheggiarono la città di Priamo. Quando cantò l'episodio di Menelao e di Ulisse che erano andati a casa di Deifobo a prelevare la bellissima Elena, gli occhi dell'ospite si riempirono di lacrime, e lui, per non farsene accorgere, fu costretto a prendere un lembo del manto purpureo che copriva il suo seggio e a ripararsi il volto. Nessuno ci fece caso, a eccezione di Alcinoo.

«Basta,» disse il magnanimo re «basta con queste storie che turbano l'anima. Faccia tacere la sua cetra il bravo Demodoco. E tu, o forestiero, dicci alfine il tuo nome: non può essere che tuo padre non te ne abbia dato uno. Tutti abbiamo un nome, misero o nobile che sia. E allora dicci alfine chi sei? Qual è la tua terra? Dove sei andato errando per dieci lunghissimi anni? E quali paesi hai visitato? E come si chiamavano gli uomini che hai incontrato? E com'erano? Ospitali o inospitali? Giusti o ingiusti? Ossequiosi degli Dei o blasfemi? Generosi o avari? E soprattutto... perché piangi quando ascolti le storie degli Achei dai lunghi capelli?»

Ha inizio così, dal prossimo canto, un nuovo tipo di

[1] «*Timeo Danaos et dona ferentes*», ovvero «temo i Greci anche quando portano i doni» è la famosa frase che, secondo Virgilio (*Eneide*, II, 49), urlò Laocoonte (ammesso che sapesse parlare in latino), quando voleva distruggere il cavallo di legno, un attimo prima che due serpenti mostruosi usciti dal mare lo stritolassero insieme ai figli.

Odissea. Sarà lo stesso eroe a raccontarci le sue avventure. Ascolteremo, nell'ordine, l'incontro col ciclope Polifemo, quello con la maga Circe, la discesa nell'Ade, l'avventura con le Sirene e il passaggio attraverso Scilla e Cariddi. Buon viaggio.

Canto IX

Polifemo

Laddove si racconta di come, dopo una strana avventura nel paese dei Lotofagi, Ulisse e i suoi compagni giungano nella terra dei Ciclopi, e di come, una volta fatti prigionieri da Polifemo, comincino a essere divorati, finché Ulisse non fa ubriacare il gigante, per poi conficcargli un palo nell'unico occhio che ha.

«O Alcinoo di stirpe divina, e voi nobili Feaci, non c'è gaudio maggiore che ascoltare un narratore mentre la tavola è stracolma di carni e dal cratere ognuno attinge il vino che desidera. Il mio nome è Ulisse e sono figlio di Laerte. Itaca è il mio paese, un'isola aspra e selvaggia, ma non per questo a me meno cara. Sono noto alle genti come il più astuto dei mortali che su questa terra hanno mangiato il pane. Ho combattuto per dieci lunghissimi anni a Troia tra gli Achei dalle corazze di bronzo. La vittoria alla fine ci arrise, ma molte pene ci inflissero gli Dei quando provammo a tornare in patria.»

Inizia così il lungo racconto di Ulisse davanti ai principi Feaci, e fin dalle prime battute si capisce quale fosse la morale dell'epoca. In una terra straniera ci si poteva presentare solo in due modi: o con doni propiziatori, facendo inchini e sorrisi, o con le armi in pugno, seminando morte e distruzione. Tutto dipendeva dal rapporto di forza esistente tra chi arrivava dal mare e chi si difendeva da terra. La regola era: «Essere forti con i deboli e gentili con i forti».

Ma ecco il seguito del racconto di Ulisse:

«Arrivammo a Ismaro, nella terra dei Ciconi. Come prima cosa devastammo la città, poi uccidemmo la maggior parte dei maschi e portammo via le femmine più belle. Un uomo solo risparmiai: si chiamava Marone ed era un sacerdote di Apollo. Lui, per ringraziarmi, mi donò sette talenti d'oro, un cratere d'argento e dodici anfore di vino nero, dolce e purissimo. Una volta diventati padroni del posto, dividemmo onestamente in parti uguali il bottino tra tutti quelli che avevano partecipato al saccheggio, lasciando anche qualcosa, ma non troppo, a chi era rimasto sulle navi. Che nessuno partisse da quella terra senza aver avuto il giusto compenso. Dopo di che dissi ai compagni: "E ora, ragazzi, salpiamo e prendiamo il largo", ma quelli, stupidi, ubriachi, e forse anche un po' euforici per il bottino appena conquistato, vollero per forza continuare a gozzovigliare. E fu così che arrivarono altri Ciconi, questa volta, però, molto più numerosi e meglio armati. Ci trovammo subito in inferiorità numerica: uno contro dieci, e fummo costretti a fuggire, cercando scampo sulle navi. Ogni equipaggio perse in media sei uomini. Alcuni vennero uccisi nel sonno mentre erano ancora ubriachi, senza aver avuto nemmeno il tempo di mettere mano alla spada.»

Come si vede, Ulisse non esitò un attimo a confessare di aver massacrato gente inerme e stuprato un centinaio di donne: ordinaria amministrazione a quei tempi. Il tono era distaccato: lui non intendeva commuovere l'uditorio, né tanto meno lasciarsi coinvolgere. È un onesto cronista delle proprie sventure. Riferì il numero dei compagni morti (settantadue per la precisione) e dei doni ricevuti da Marone con la stessa imperturbabilità.

Per quanto riguarda, invece, la navigazione, l'*Odissea* potrebbe essere benissimo intitolata *Via col vento*, dal momento che tremila anni fa si sapeva il giorno in cui si partiva, ma mai quello in cui si arrivava, né tantomeno il luogo dove si andava a finire. A decidere erano i venti e i temporali, e quindi in ultima analisi Zeus e Poseidone. I remi servivano solo in caso di bonaccia e per il resto si viaggiava di bolina, sempre che il vento, però, non soffiasse proprio nella direzione contraria. La rotta seguita da Ulisse avrebbe dovuto avere a bordo la Tracia e a babordo le isole di Lemno e di Sciro, per poi imboccare lo stretto situato tra Andro e la punta meridionale dell'Eubea.

«Fuggiti da Ismaro,» continuò Ulisse «Zeus, il padrone dei nembi, scagliò contro di noi il vento di Borea. Tre o quattro volte si strapparono le vele e tre o quattro volte fummo costretti ad ammainarle. Poi, sempre temendo la morte, e a forza di remare, riuscimmo a guadagnare un riparo, e lì restammo in trepida attesa per almeno due giorni. Il terzo giorno, quando sorse l'Aurora dai bellissimi capelli, salpammo felici, e saremmo di certo arrivati a Itaca se giusto all'altezza del capo Malea non fossimo stati investiti da una seconda tempesta, questa volta ancora più violenta della prima. Per nove giorni e nove notti le navi restarono in balìa dei venti funesti sul mare colore del vino, finché al decimo giorno non avvistammo una terra: era quella dei Lotofagi. Una volta sbarcati, inviai in avanscoperta un araldo e due marinai per capire con che razza di gente avremmo avuto a che fare, se ospitale o inospitale, se pacifica o crudele. Siccome, però, i tre uomini tardavano a tornare, dopo averli attesi invano fino al tramonto, decisi di andare loro incontro. Li trovai, seduti su un prato, che avevano perso la memoria: scherzavano, ridevano e non badavano minimamente alle nostre domande. Invano chiedemmo dov'erano stati e perché non erano tornati alle navi: non solo non risposero, ma non ci riconobbero nemmeno. Poi, a forza di urlare, scoprimmo che avevano mangiato dei fiori molto dolci, chiamati loto, e che questi fiori facevano perdere del tutto la memoria. Al che, malgrado piangessero da far pietà, fui costretto a legarli mani e piedi e a tenerli chiusi sotto coperta. A quel punto altro non potemmo fare che partire. Piuttosto che correre anche noi il rischio di dimenticare la patria, la moglie fedele e i teneri figli.»

La storia dei Lotofagi presenta molti lati oscuri. Innanzitutto dov'era questa terra? Per alcuni stava in Egitto, per altri (tra cui Erodoto) in Libia, e per altri ancora in Portogallo. Noi, a farci un po' di conti, possiamo almeno escludere quest'ultima ipotesi: tenuto conto che una nave dell'epoca non superava gli otto nodi, ovvero i 250 chilometri al giorno, in nove giorni e nove notti, e procedendo sempre nella stessa direzione, al massimo avrebbero potuto percorrere duemila chilometri, il che non li fa uscire dal Mediterraneo.

Non parliamo poi del loto, di questo misterioso fiore (o frutto?). Che cavolo era il loto? C'è chi pensa all'oppio, chi alla cocaina, chi all'hashish e chi a un fiore dal sapore dolciastro chiamato giuggiolo. L'ipotesi più logica, secondo me, è che con i Lotofagi si entra nel regno della fantasia. Voler localizzare a ogni costo la loro terra è come pretendere di sapere in quale foresta vivevano Biancaneve e i sette nani.

«Anche se stremati dal lungo viaggio,» continuò Ulisse «arrivammo nel paese dei Ciclopi, giganti senza legge e senza morale, che, confidando nella protezione degli Dei, nulla fanno per coltivare la terra. In quello strano luogo, infatti, tutto esce dal suolo spontaneamente e non c'è contadino che ari o semini il terreno. I Ciclopi non promuovono assemblee, non amano stare in gruppo e non comunicano fra loro: ognuno vive in una caverna spoglia di qualsiasi comodità. Detto in altre parole, campano come le bestie e, quando mettono su famiglia, hanno diritto di vita e di morte sulla moglie e sui figli.»

La descrizione è quella della più totale inciviltà. Se avesse parlato di leoni, Ulisse non si sarebbe espresso in modo diverso.

Date le precedenti esperienze, questa volta l'eroe non si accostò con tutte le navi. Più prudentemente attraccò in un'isola a un miglio di distanza dalla terra dei Ciclopi.

«Né troppo vicini né troppo lontani» precisò. «Quel tanto che bastava per poter andare e tornare a forza di remi.»

Ulisse però vorrebbe vedere i mostri di cui ha sentito parlare e si avvia in perlustrazione con un'unica nave. La curiosità era una delle sue caratteristiche fisse: voleva sempre sapere tutto. Meglio per lui, comunque, dal momento che non c'è qualità più preziosa del desiderio di sapere. Tutte le scoperte hanno avuto all'origine una persona curiosa. Da Cristoforo Colombo a Madame Curie, c'è sempre stato un essere umano che ha rischiato (a volte anche la vita) pur di obbedire agli stimoli della curiosità. Purtroppo, però, è anche vero che la curiosità spesso e volentieri ci crea dei problemi come, tra poco, avremo modo di constatare.

«"Aspettatemi qui" dissi ai compagni. "Io, con la mia nave, andrò a vedere chi sono gli uomini che abitano questi lidi: se gente timorata degli Dei e rispettosa degli ospiti, o selvaggia e priva di regole." E così, una volta giunto sulla riva opposta, vidi una grotta immensa tutta coperta d'alloro, all'interno della quale si scorgevano i recinti per il bestiame. Decisi allora di entrare. Portai con me dodici marinai, i migliori che avevo, e un otre pieno di quel vino rosso che avevo avuto in regalo da Marone, per farne dono, eventualmente, all'abitante della spelonca. Tutt'intorno si vedevano graticci carichi di formaggi e brocche piene di latte. "Prendiamo i formaggi e scappiamo" proposero i compagni, e io male feci a non seguire il loro consiglio. Non passò molto tempo che arrivò il mostro: era un gigante di altezza incredibile. Entrò con grande fracasso, gettando a terra un carico di fascine e menando avanti a sé un gregge di pecore, di capre e di agnelli belanti; quindi prese a due mani un masso enorme, che nemmeno ventidue coppie di buoi sarebbero stati capaci di spostare, e lo piazzò all'uscita della grotta, in modo che nessuna bestia, nemmeno il più piccolo degli agnelli, potesse uscire.»

Quanto fosse alto Polifemo, Omero non lo dice, ma, essendo più forte di quarantaquattro buoi, dobbiamo immaginarcelo alto almeno dieci metri. Lui era un *single,* il caso peggiore, quindi, in una comunità di bestioni. Non ha valori morali, né sentimenti, né sa cosa sia la pietà. Dovrà vedersela con un uomo nel senso più completo del termine: Ulisse è coraggioso, intelligente e pieno di risorse. Si delinea tra loro il classico scontro tra Golia e Davide, tra la forza bruta e la mente.

In un primo tempo Polifemo finge di non aver visto gli intrusi: munge in silenzio le sue vacche, una dopo l'altra. Poi, all'improvviso, si volta e chiede con tono brusco:

«Chi siete?»

«Siamo Achei di ritorno da Troia» risponde Ulisse «e a casa eravamo diretti, sennonché i venti ci hanno dirottato su queste terre, e ora noi, o divino, alle tue ginocchia ci inchiniamo, affinché ci venga concessa la sacra ospitalità. Come tu ben sai Zeus, il Dio che protegge gli ospiti, non perdona coloro che non li rispettano.»

L'implicita minaccia a Polifemo non fece né caldo né freddo, anzi lo divertì moltissimo. Lui di Zeus se ne fregava, e, a tale proposito, citiamo una battuta presa pari pari dalla tragedia di Euripide intitolata per l'appunto *Il Ciclope.*

POLIFEMO: «Caro il mio ometto, per una persona intelligente il vero Dio non è Zeus ma il denaro. Tutto il resto è chiacchiera. Io non tremo davanti ai fulmini di Zeus. Quando lui tuona io entro nella mia grotta, mi mangio un vitello intero e poi mi distendo pancia all'aria. A volte rumoreggio anche col didietro e molto più forte di quanto Zeus non riesca a tuonare. Tu, piuttosto, rispondi a una mia domanda: dove hai ormeggiato la tua nave?».

Ulisse, per precauzione, non glielo disse. Gli raccontò che non aveva più una nave giacché Poseidone gliel'aveva appena fracassata. La notizia, comunque, non commosse più di tanto il Ciclope che senza perdere tempo passò alle vie di fatto. Con un balzo felino afferrò per i piedi due dei compagni di Ulisse e li sbatacchiò ripetutamente contro le pareti.

«Oh, spettacolo orribile a vedersi!» esclamò Ulisse per impressionare ancor di più i principi Feaci. «Il cervello dei due disgraziati schizzò fuori dalle loro teste imbrattando un po' dappertutto il pavimento e le rocce. Dopodiché il mostro si preparò la cena. Mangiò come può mangiare una belva, tutto ingurgitando nella bocca immensa: viscere, carni, ossa e midollo, e bevendoci sopra litri e litri di latte. Noi, nel frattempo, piangevamo, alzando le mani al cielo, e invocammo Zeus e gli altri Dei perché ci venissero a salvare. Lui, una volta riempitosi il ventre schifoso, si gettò a terra e si mise a russare in mezzo alle capre. A quel punto fui tentato di trapassargli il cuore con l'aguzza spada, ma mi astenni, anche perché, pur unendo tutte le nostre forze, non saremmo mai riusciti a spostare il maledetto masso che ostruiva l'uscita. La situazione, comunque, non migliorò per nulla il giorno dopo: il mostro, come apparve l'Aurora dalle dita rosa, divorò altri due compagni, per poi uscire dall'antro menando innanzi a sé le pingui greggi. Tolse e rimise il masso con estrema facilità, quasi fosse stato di cartapesta.»

A questo punto Ulisse, piuttosto che diventare la prossima cena del Ciclope, elaborò un piano per salvare se stesso e i compagni che gli erano rimasti. Prese un tronco di ulivo che aveva trovato in fondo alla grotta, e lo sgrossò fino a renderlo appuntito, ne indurì la punta mettendola sul fuoco e lo nascose nel letame. La sera, infine, dopo che il gigante ebbe regolarmente cenato con altri due dei suoi marinai, gli offrì il vino rosso di Marone.

«Bevi questo vino, o Ciclope. L'avevo appunto portato per offrirtelo in dono, poi la tua violenza m'impedì di farlo.»

Polifemo non gli disse nemmeno grazie e lo tracannò tutto d'un fiato. Ne apprezzò molto il sapore e questo lo rese un tantino più socievole.

«Dammene ancora, o straniero,» disse tentando un mezzo sorriso «vuol dire che ricambierò la cortesia, facendoti a mia volta un bel dono.»

Per tre volte l'eroe gli porse il vino e per tre volte il gigante lo ingurgitò in un solo sorso. Alla fine, quando ormai era completamente ubriaco, chiese a Ulisse:

«Come ti chiami?»

«Mi chiamo Nessuno. Questo è il nome che mi dettero i miei genitori.»

«Molto bene: vorrà dire che io per ultimo mangerò Nessuno. E questo sarà il mio dono.»

«Beh, ti confesso, o Ciclope, che come dono mi aspettavo qualcosa di più: non mi sembra che fare da cibo a un altro uomo sia un grande regalo.»

«Ma sarai l'ultimo a essere divorato: e quale dono è più grande del vivere un giorno in più degli altri?» replicò Polifemo per poi cadere a terra stremato.

A detta di Omero, lo spettacolo del Ciclope che russava in mezzo alle capre era orribile:

> Disse, e arrovesciatosi cadde supino, e poi
> giacque piegando il grosso collo: il sonno,
> che tutto doma, lo colse; dalla strozza gli uscì fuori vino
> e pezzi di carne umana; ruttava ubriaco.
> (*Odissea*, IX, 371-374, ed. Mondadori, trad. A. Privitera.)

Ulisse non perse tempo: rimise il palo aguzzo sul braciere e, dopo averlo reso incandescente, con l'aiuto dei compagni lo conficcò nell'unico occhio del Ciclope.

«Dall'alto lo feci girare» precisò l'eroe «come quando, dovendo perforare il legno di una nave, si usa il trapano senza mai fermarsi.»

E qui sorge un altro mistero: quanti occhi aveva Polifemo? Tutti diamo per scontato che ne avesse uno solo, ma in verità il poeta non lo dice mai. In nessuno dei versi dell'*Odissea* si fa riferimento all'unico occhio del Ciclope. Diciamo piuttosto che lo si deduce: se accecandogli un occhio resta cieco, vuol dire che di occhi ne doveva avere uno solo. Che poi quest'occhio fosse situato giusto al centro della fronte per ragioni di simmetria, o che invece il mostro fosse orbo di nascita, questo non si sa. Omero non lo dice.

«Il gigante lanciò un urlo tremendo che risuonò per tutta l'isola. Noi, terrorizzati, ci nascondemmo alla meglio negli anfratti della spelonca. Lui, invece, dopo essersi estratto dall'orbita il palo lordo di sangue, cominciò a chiamare a gran voce gli altri Ciclopi. Questi accorsero in gran numero e dal di fuori gli chiesero: "Chi ti sta facendo del male, o Polifemo? C'è forse qualcuno dentro la tua casa che ti vuole uccidere?". E il gigante rispose: "Nessuno mi vuole uccidere, Nessuno!". "E allora che urli a fare?" conclusero i Ciclopi. "Se nessuno ti fa del male e lo stesso soffri, puoi prendertela solo con te stesso o con Zeus. Noi non possiamo farci niente."»

I problemi, però, per Ulisse e i suoi compagni non erano finiti: dovevano uscire dalla grotta. Polifemo, proprio per poter mettere loro le mani addosso, aveva spostato il masso quel tanto che bastava per fare uscire le sue bestie a poco a poco, e tastava tutto quello che sentiva passare. Così almeno raccontò l'eroe.

«C'erano dei montoni bellissimi che dovevano uscire per andare al pascolo. Io, allora, li legai tre alla volta e a quello di mezzo legai uno dei miei compagni, in modo che gli altri due montoni gli facessero da scudo. Dopo di che, per poter uscire anch'io, escogitai un altro sistema: vidi un ariete imponente, il più grande che c'era, e mi aggrappai al suo manto villoso. Polifemo, quando lo sentì passare, lo riconobbe al tatto e gli si rivolse con voce rotta dal pianto: "O mio adorato ariete, tu che sei il mio prediletto, tu che dall'antro ogni mattina sei sempre stato il primo a uscire, come mai oggi sei passato per ultimo? Piangi forse per l'occhio del tuo padrone? Un vile me lo ha accecato dopo avermi ubriacato con un vino magico!".»

Questo sfogo tenero di Polifemo modifica un po' l'opinione che ci eravamo fatta di lui. Non è vero che fosse un mostro senza anima: lui amava il suo ariete, lo accarezzava ogni mattina, e ora, disperato, cerca in un suo belato quel minimo di affetto che non aveva trovato nel prossimo. E poi, a pensarci bene, la vera vittima dell'episodio è proprio lui, il Ciclope. Sì, d'accordo, aveva l'abitudine di mangiare la carne umana, ma era pur sempre un'abitudine. Noi, oggi, non mangiamo forse i polli senza starci troppo a pensare? Non ci chiediamo certo che cosa pensano i polli di noi. Ebbene, visti da Polifemo, Ulisse e i suoi compagni erano solo dei polli, anzi della cacciagione: andavano mangiati. Lui, il Ciclope, se ne stava nella sua caverna in santa pace, quando si è visto invadere la casa da un gruppo d'intrusi che alla fine gli hanno anche infilato un palo incandescente nell'unico occhio che aveva. Ora, mettiamoci nei suoi panni: che altro avrebbe potuto fare, se non prendersela con quel vile che aveva profittato del suo momentaneo stato di ubriachezza?

Ma Ulisse non ci sta a essere definito vile da un selvaggio come Polifemo. E non appena si mise in salvo sulla nave, gli rispose per le rime:

«Non era un vile, o Ciclope, l'uomo di cui divorasti i compagni. Sei tu, piuttosto, un vile che non hai rispettato i doveri dell'ospitalità. Ecco perché Zeus ti ha punito!»

La rampogna, però, non scosse minimamente il gigante che, invece di arrossire, staccò la cima di una montagna e la scaraventò in mare, nella vana speranza di centrare la nave dell'odiato Nessuno. La mancò di poco: il masso cadde qualche metro oltre lo scafo e l'onda di riflusso finì per sospingerlo quasi fino a riva. Ulisse, allora, ordinò ai suoi di remare a più non posso per sottrarsi a un vero e proprio bombardamento. Poi, una volta raggiunta una distanza di sicurezza, lanciò di nuovo il suo grido di vittoria.

«O Ciclope, se qualcuno un giorno ti chiedesse chi è stato ad accecarti, digli pure che è stato Ulisse, figlio di Laerte, distruttore di città!»

La scena venne descritta magistralmente anche da Ovidio nelle sue *Metamorfosi*.[1] È un compagno di Ulisse, un certo Achemenide che ce la racconta.

«Anche il grido di Ulisse avrebbe potuto esserci fatale. Io vidi il Ciclope staccare dai monti una rupe immane per poi scagliarcela contro. Per un attimo temetti che l'onda ci potesse travolgere. Poi vidi il gigante, gemebondo, che vagava cieco lungo le cime dell'Etna, urtando di continuo negli alberi, nei cespugli e nelle rocce, mentre, con le braccia insozzate di sangue, minacciava tutta la razza Achea.»

[1] Ovidio, *Metamorfosi*, XIV, 180 sg.

Canto X

La maga Circe

Laddove si narrano tre avventure. Nella prima Ulisse riceve dal Dio Eolo un otre pieno di venti. I suoi marinai, pensando che dentro vi sia nascosto un tesoro, l'aprono e scatenano tempeste. Nella seconda tutte le navi di Ulisse, tranne la sua, vengono distrutte dal popolo cannibale dei Lestrigoni. Nella terza, infine, c'è l'incontro con Circe, la maga che trasforma gli uomini in porci.

Ulisse, con tutti i principi Feaci che gli facevano da corona, continuò a raccontare le sue disavventure.

«Dopo molto peregrinare giungemmo a Eolia, l'isola di Eolo, figlio d'Ippote, signore dei Venti, molto caro agli Dei. Eolia, in verità, più che un'isola sembra una nave: naviga di continuo sui mari. Lui, il re, ha dodici figli, sei maschi e sei femmine, e per non disperdere l'asse ereditario ha pensato bene di convincere i sei maschi a sposare le sei femmine, ragione per cui li trovai tutti nella stessa casa e nella più grande armonia. Con me, all'inizio, il re Eolo fu molto cordiale: mi ospitò per sei mesi e quando mi rimisi in mare, proprio per farmi navigare con la massima tranquillità, mi regalò un otre di pelle dove aveva rinchiuso tutti i venti che in qualche modo avrebbero potuto darmi fastidio. Per maggior sicurezza, poi, legò quest'otre con una catena d'argento onde non farne uscire nemmeno il più piccolo soffio. Per la navigazione, infine, ordinò al vento Zefiro, gli unici che non stavano nell'otre, di accompagnarmi dolcemente al largo con una leggera brezza.»

Tutto bene, insomma, se non si fosse messa di mezzo la solita curiosità, prima e principale causa di tutte le disgrazie che perseguitarono Ulisse nel suo viaggio di ritorno. Questa volta la maledetta s'intrufolò nelle teste dei suoi uomini e a suscitarla fu proprio il misterioso otre di Eolo.

«Ma che ci sarà dentro di così pesante?» cominciarono a dire i marinai. «Vuoi vedere che è pieno di monete d'oro? E se di monete si tratta, perché Ulisse non le vuole dividere con noi? Eppure, per tutti gli Dei, abbiamo sempre combattuto al suo fianco, e ancora adesso subiamo i suoi stessi affanni!»

Ora si sa come vanno a finire queste cose: basta una frase buttata lì tanto per parlare e c'è subito chi provvede ad amplificarla. E così una notte, mentre l'eroe stava dormendo, alcuni marinai pensarono bene di segare la catena d'argento e di aprire l'otre. Non l'avessero mai fatto: i venti più impetuosi si sprigionarono creando spaventose trombe d'aria. La nave venne sollevata in aria come se fosse stata di paglia e ricacciata indietro di svariate miglia, tra onde alte più di dieci metri. Ulisse si svegliò di soprassalto e cercò di riprendere in mano il timone, ma non ci fu nulla da fare: la tempesta li scaraventò per la seconda volta sulle spiagge dell'isola Eolia. Non restava altro che chiedere di nuovo aiuto a Eolo.

«Come mai sei tornato?» chiese il re a Ulisse.

«Perdonaci, o divino,» rispose l'eroe, abbracciandogli le ginocchia «ma i compagni mi hanno tradito, e mentre dormivo hanno aperto l'otre che tu ci avevi regalato.»

«Io aiutarti!? Non ci penso nemmeno! Se questo è accaduto vuol dire che gli Dei non stanno dalla tua parte, e io non posso aiutare coloro che sono odiati dagli Dei. Vattene ordunque, vergogna dei mortali, prima che ti punisca con le mie stesse mani!»

Persa la fiducia di Eolo, gli Itacesi si rimisero in mare più avviliti che mai, sperando, se non proprio nella clemenza degli Dei, almeno nella loro distrazione.

La tappa successiva fu la terra dei Lestrigoni. A vederla da lontano, sembrava una specie di paradiso terrestre, dove, oltretutto, attraccare con la massima sicurezza. Il porto di Telepilo, infatti, era un rifugio ideale per qualsiasi tipo d'imbarcazione: era a tal punto protetto che i venti, anche quando soffiavano al massimo, non riuscivano nemmeno a increspar le onde. I Lestrigoni nel loro porto non usavano ancore: si limitavano a legare una gomena intorno a un appiglio qualsiasi e restavano con le navi accostate alle rive per tutto il tempo che volevano. Per arrivarci bisognava percorrere una specie di fiordo fiancheggiato da rive scoscese e altissime. Malgrado queste garanzie, però, Ulisse, con la sua nave, preferì aspettare fuori, in mare aperto. Voleva avere prima delle informazioni sui nativi, e, come sempre, inviò un araldo e due marinai in avanscoperta.

I tre uomini scesero a terra e la prima persona che incontrarono fu una graziosa fanciulla che andava ad attingere acqua: era la figlia del re Antifate. Le chiesero dove fosse il palazzo reale e lei cortesemente glielo indicò. Qui, però, trovarono la regina, una grassona di oltre duecento chili, che non fu affatto cordiale: appena li vide si mise a starnazzare come una gallina e fece in modo da far accorrere il marito Antifate e tutta la scorta reale. Antifate non perse tempo a fare domande: afferrò uno dei tre messaggeri e se lo mangiò crudo, a morsi, con tutti i vestiti, né più né meno di come aveva fatto Polifemo qualche giorno prima. L'araldo e l'altro marinaio, terrorizzati, si dettero alla fuga e in qualche modo riuscirono a raggiungere le navi. Qui però, se possibile, si trovarono di fronte a una situazione davvero terribile: i Lestrigoni, approfittando del fatto che le rive erano molto alte e molto ravvicinate tra loro, stavano subissando la flotta degli Itacesi con centinaia e centinaia di macigni enormi. Alla fine, l'unica nave che riuscì a salvarsi fu quella di Ulisse.

La terza tappa del decimo canto è l'isola di Eea, quella della famosa maga Circe. Costei, a detta di Ulisse, «aveva riccioli bellissimi e parlava con voce umana». Era la sorella del perverso Eeta e quindi figlia del Dio Sole che illumina tutti i mortali.

Questa volta l'eroe, dopo le recenti esperienze, non vuole più rischiare la vita sua, né quella dei suoi compagni. Vorrebbe solo riapprovvigionarsi di acqua, di viveri, e riprendere la navigazione. Pur tuttavia sente il bisogno di raccogliere informazioni.

«Dopo tante tempeste ci siamo persi» confessò avvilito a uno dei suoi marinai. «Ignoriamo persino se dobbiamo dirigere la prora a oriente o a occidente.»

Salì, quindi, su di una collina e scorse una casetta tra i boschi. A vederla da lontano, tutta linda e pulita, e circondata da aiuole fiorite, sembrava il luogo più tranquillo dell'universo. La prudenza, però, non è mai troppa e Ulisse non volle andare subito a conoscere i locali, anche perché s'imbatté in un cervo di rara bellezza, le cui carni gli consentirono di restare all'àncora per altri tre giorni. Dopodiché divise i suoi uomini in due gruppi: uno da comandare personalmente, e un secondo da affidare a Euriloco, il suo luogotenente di fiducia. Ciò fatto, mise in un elmo due contrassegni, ed estrasse a sorte quale dei due gruppi sarebbe dovuto andare a ispezionare la casetta. Vinse (si fa per dire) Euriloco. Ed ecco, più o meno, quello che gli capitò, così come ce lo racconta lo stesso Ulisse.

«Intorno alla casa stavano accovacciati lupi e leoni. Nessuna, però, di queste belve dava segni di particolare aggressività. Sembrava quasi che fossero state messe lì unicamente per fare bella mostra di sé, o per scoraggiare i più pavidi. Una volta giunti innanzi alla casa, Euriloco e i suoi sentirono una voce femminile che cantava una bellissima melodia. "Questa è la voce di una Dea!" esclamarono in coro i marinai, poi, resisi conto che si trattava di una donna intenta a tessere una magnifica tela, chiesero di essere ricevuti. La Maga, perché di lei si trattava, non si fece pregare più di tanto: si affacciò alla soglia e invitò tutti ad accomodarsi. Solo Euriloco, sospettoso com'era, non volle entrare, e preferì attendere nel cortile antistante. Circe fece sedere i marinai su troni d'argento e, grazie a uno stuolo di bellissime ancelle, offrì a ciascuno una coppa d'oro contenente un cocktail di sua invenzione: vino di Pramno, miele, farina d'orzo e in più un misterioso farmaco. Poi, quando si accorse che non erano più in grado di reagire, li toccò, uno alla volta, con una bacchetta magica e li trasformò tutti in porci. Quindi li rinchiuse in un porcile già colmo di letame e dette loro da mangiare ghiande in abbondanza. Gli sventurati, pur essendo rimasti uomini nella mente, avevano tutte le caratteristiche dei maiali, grugnito compreso.»

Euriloco, dopo aver atteso una buona mezz'ora fuori della casa, capì che qualcosa non doveva essere andata per il verso giusto e corse ad avvisare Ulisse. Era a tal punto agitato che non riusciva quasi a parlare. A fatica l'eroe riuscì a cavargli qualcosa di bocca:

«Eravamo entrati nel bosco, come tu ci avevi ordinato» balbettò Euriloco. «La casa era tranquilla, tutta costruita in pietra liscia dalle fondamenta al tetto. Dentro c'era una donna che cantava. I miei compagni, incuriositi, la chiamarono e lei uscì subito fuori. Poi c'invitò a entrare e aprì due porte luminose, ma così luminose, da abbagliare chiunque avesse voluto gettare uno sguardo all'interno. E fu proprio tutta questa luce a mettermi in sospetto. Mentre i compagni entrarono estasiati, io preferii restare ad attenderli sotto il porticato. E, come temevo, non li ho visti più uscire.»

Ulisse non pose tempo in mezzo: si appese la spada al fianco e si avviò verso la casa di Circe, deciso a liberare i compagni presi in ostaggio.

«Non andare, o divino, ti supplico!» urlò Euriloco, cercando di trattenerlo per un braccio. «Anzi, fuggiamo: forse abbiamo ancora la possibilità di ritardare di qualche giorno il momento fatale!»

Ma ci voleva ben altro per fermare Ulisse. Euriloco non aveva ancora finito di parlare che lui già si era incamminato verso la casa di Circe, e bene fece ad avviarsi dal momento che di lì a poco avrebbe avuto un incontro determinante: quello con Hermes, il Messaggero dalla verga d'oro. Il Dio gli si parò dinanzi sotto le vesti di un giovincello imberbe.

«Dove vai, o figlio di Laerte, solo per queste alture e del tutto ignaro dei luoghi? I tuoi compagni sono già stati trasformati in porci dalla tremenda Circe e ora grufolano accalcati in appositi porcili. Vuoi forse liberarli? Sappi, allora, che non avresti scampo se non ci fossi qua io a darti una mano. Prendi quest'erba magica e mangiala senza lasciarne nemmeno un filo. Quando la Maga ti toccherà con la sua bacchetta d'oro, tu sguaina la spada affilata e saltale addosso, quasi volessi trafiggerla. Lei, allora, si getterà ai tuoi piedi e, con dolci parole, t'inviterà a far l'amore con lei. Fallo pure, se proprio ne hai desiderio, ma prima chiedile di giurare solennemente su tutti gli Dei dell'Olimpo che non ti renderà vile e impotente quando ti troverai nudo davanti a lei.»

E fu proprio in questo modo che andarono le cose. Ulisse, dopo aver masticato l'erba magica, chiamò Circe a gran voce. La Maga aprì la porta luminosa. L'eroe entrò e venne fatto accomodare, come da copione, su un trono d'argento. Seguì la procedura di rito: prima i filtri magici serviti in coppa e poi la bacchetta d'oro per la metamorfosi. Questa, però, non funzionò. Al che Circe, resasi conto che aveva a che fare con un individuo refrattario alle sue magie, ci restò un po' male.

«Chi sei, o straniero,» gli chiese spaventata «e qual è la tua stirpe?! Nessuno al mondo ha mai resistito alla mia pozione per più di un istante!»

Poi, quando vide che l'eroe con la spada sguainata minacciava di trafiggerla, si gettò ai suoi piedi e cominciò a supplicarlo:

«Rimetti l'arma nel fodero, o mio signore. Ammiro il tuo coraggio e sono attratta dal tuo corpo maschio e virile. Non vedo l'ora che le tue braccia mi stringano. Vieni nel mio letto, o divino eroe. Non perdere altro tempo: amiamoci! Vedrai che, dopo aver fatto l'amore, non diffideremo più l'una dell'altro.»

Ma Ulisse, gelido, le rispose:

«O perfida Maga, come pensi che io possa far l'amore con te quando i miei compagni sono ancora rinchiusi in un porcile? E poi, seppure volessi giacere nel tuo letto, dovresti prima giurarmi su tutti gli Dei che non ne approfitteresti per rendermi vile e impotente.»

Il duetto si protrasse per un po': lui sempre armato di spada e lei di sguardi assassini. Alla fine, fu trovato un accordo e tutto andò per il meglio: quattro ancelle ripulirono l'eroe con la massima cura. La prima versandogli addosso acqua fredda, la seconda acqua calda, la terza ungendolo d'olio, com'era costume a quei tempi, e la quarta preparandogli gli abiti da indossare prima e dopo il rapporto amoroso. Per la cronaca: una tunica di seta bianca e un mantello ricamato in argento. Da un eroe, francamente, ci saremmo aspettato un comportamento più distaccato: perché far l'amore con una come Circe? E Penelope? Ce la siamo forse dimenticata? Circe, però, doveva essere davvero molto bella se Ulisse, malgrado i pericoli, ci va a letto senza starci troppo a pensare. La scusa che dovesse liberare i compagni non ci convince più di tanto. A mio avviso Circe li avrebbe liberati lo stesso, anche se Ulisse fosse rimasto sulle sue. La liberazione dei marinai fu comunque molto commovente. Ed ecco come ce la racconta l'eroe (*Odissea*, X, 410):

> Come quando in campagna, la sera, le mucche
> tornano dal pascolo e le vitelle accorrono
> loro incontro con alti muggiti, così intorno
> a me si affollarono i compagni, una volta
> che ebbero riacquistato il loro aspetto
> di sempre. Piangevano tutti come bambini
> ed erano felici, quasi che fossero tornati
> a Itaca ricca di sole, nella terra dei padri.

Ulisse, però, li riportò subito sulla terra.

«Come prima cosa, o compagni, mettiamo in salvo la nave, poi riponiamo le nostre ricchezze in una grotta sicura, e infine torniamo qui, in casa di Circe, a bere e a mangiare.»

Tutti, ovviamente, furono d'accordo, a eccezione di Euriloco che, sessuofobico com'era, non perse l'occasione per fare a tutti una piccola ramanzina.

«Dove andate, o stolti,» predicò con voce stridula. «Vi rendete conto che la Maga Circe prima o poi vi trasformerebbe di nuovo in porci? Non date ascolto a Ulisse! Già altre volte, per la sua follia, molti di noi hanno trovato la morte.»

Oddio, non è che avesse tutti i torti, anche perché non si sarebbe trattato di un'avventuretta una tantum, bensì di una vera e propria orgia continua. Nell'isola di Eea, infatti, Ulisse e i suoi restarono la bellezza di un anno, sempre a mangiare, a bere e a far l'amore. Ci fu pure uno dei marinai che tra un'ubriacatura e l'altra ci rimise la pelle: per scendere dal terrazzo al pianterreno, invece di prendere le scale, prese la finestra e cadde nel vuoto. Si chiamava Elpenore ed era il più giovane del gruppo.

La predica di Euriloco, però, non piacque a Ulisse che non poteva tollerare un atto d'insubordinazione così evidente. Un capitano è un capitano e non può essere messo in discussione davanti ai suoi marinai. Il nostro eroe aveva già sguainato la spada per troncare la testa al contestatore quando i compagni s'interposero e gli impedirono di fare sciocchezze, pur essendo tutti d'accordo a trascorrere il resto della vita con le ancelle della Maga.

«Se vuoi, o divino,» dissero a Ulisse «lasceremo costui a fare da guardia alla nave e noi tutti verremo a vivere con te nella casa dell'ottima Circe.»

Due parole per chiarire il significato di questo episodio: dire che Circe li aveva trasformati in porci non deve essere preso alla lettera. Vuol dire semplicemente che la Dea, facendo leva sul loro appetito sessuale, li aveva portati nelle alcove delle sue ancelle. A chissà quanti, nella vita, sarà capitata qualcosa del genere, anche senza aver incontrato maghe e bacchette magiche. Quella di Circe con ogni probabilità era una casa chiusa e lei, la maga, una *maîtresse*. Teniamo conto, infine, che i compagni di Ulisse, come tutti i marinai del mondo, dopo tanto navigare, appena scesi a terra hanno subito pensato a quella cosa là. Non a caso Dante Alighieri li schiaffa all'Inferno e fa dire a Ulisse la famosa frase:

> Fatti non foste a viver come bruti,
> ma per seguir virtude e canoscenza.

Dove per «bruti» bisogna intendere puttanieri e per «seguir virtude» un invito a pensare più alle mogli e ai figli che non al sesso extraconiugale. Quanto alla «canoscenza», invece, avrei qualche dubbio: quale conoscenza poteva avere una ciurma di analfabeti del dodicesimo secolo avanti Cristo?

Dopo il burrascoso inizio, Ulisse e Circe vissero una felice storia d'amore, e l'idillio durò finché un giorno la maga si sentì in dovere d'informare l'amante sulle vicissitudini che ancora lo attendevano.

La storia di Circe finì grosso modo così: una volta amici, anzi amanti, la Maga mise in guardia Ulisse sui prossimi pericoli a cui sarebbe andato incontro.

«O figlio di Laerte,» gli disse «prima di tornare in patria un altro viaggio ti attende, molto più impegnativo di quello che hai appena concluso. Dovrai scendere nella dimora di Ade e della tremenda Persefone, e, una volta in quel luogo di assoluta tetraggine, interrogare l'anima del tebano Tiresia, l'indovino cieco dalla mente lucida. L'unico a cui fu concesso di conservare la saggezza anche dopo la morte.»

La notizia non fece affatto piacere all'eroe, che, anzi, si demoralizzò.

«Come potrò mai raggiungere l'Ade, o mia adorata Circe? Che io sappia, nessun uomo è mai riuscito ad arrivarci da vivo.»

«Non devi assolutamente preoccuparti» rispose la Maga. «Tu pensa alle vele, che alla rotta penserà il vento di Borea. Per il resto, quando vedrai una grande spiaggia con migliaia di pioppi e di salici saprai di essere giunto alla meta: quelli sono i boschi cari a Persefone. Più oltre incontrerai l'Acheronte, e subito dopo il Piriflegetonte e il Cocito che discende direttamente dalla fonte Stige. Lì, dove questi fiumi confluiscono, troverai una roccia. Scava ai suoi piedi una fossa larga un cubito e lunga altrettanto, e intorno a essa versa laute libagioni in onore dei defunti. Ricordati di mischiare nella coppa latte e miele, vino dolce, acqua di fonte e farina bianca. Sulla fossa poi, sacrifica, nell'ordine, un montone nero, un ariete nero e una pecora nera. Vedrai allora venirti incontro le anime dei morti. Verranno a centinaia. Sguaina la spada e impedisci loro di avvicinarsi troppo al sangue delle vittime, almeno prima che non sia arrivato il saggio Tiresia.»

«E cosa dovrò chiedere all'indovino cieco, quando si farà avanti?»

«Gli chiederai la strada per tornare in patria, quanto sarà lungo il viaggio e quali pericoli incontrerai sul mare ricco di pesci.»

Canto XI

La discesa nell'Ade

Laddove si narra di come Ulisse scenda nell'Ade e incontri l'anima di sua madre Anticlea e quelle di alcuni compagni d'arme. Particolarmente significativi anche gli incontri con Elpenore, Agamennone, Achille e Aiace, ognuno dei quali ha qualcosa di cui lamentarsi.

Nel registro VAV dell'Inferno (Visitatori Ancora Vivi) non è che i nomi siano poi tanti. A memoria ricordo: Teseo, Piritoo, Orfeo, Eracle, Ulisse, Enea e Dante Alighieri. Ora, a parte gli ultimi due che scesero giù solo per promuovere un bestseller, le motivazioni degli altri furono le più disparate.

Piritoo affrontò il viaggio per riprendersi Persefone, la giovinetta di cui era stato follemente innamorato da ragazzo. Chiese all'amico Teseo di accompagnarlo, e, una volta da basso, ebbe la faccia tosta di comunicare le sue intenzioni direttamente al marito di lei, ovvero al tremendo Ade, re del mondo delle Tenebre. Questi, lì per lì, non batté ciglio. Disse solo: «Accomodatevi che la vado a chiamare». Quindi li fece sedere su due belle poltrone di pietra, sennonché, non appena i due giovanotti si furono accomodati, le poltrone si tramutarono in carne e divennero un tutt'uno con i loro corpi. Piritoo e Teseo restarono prigionieri dei loro seggi per la bellezza di quattro anni, vale a dire fino all'arrivo di Eracle il quale, con la spada, riuscì a separarli dalle poltrone. Ovviamente ognuno dei due ci rimise una fetta di natiche.

Un altro a scendere per amore fu Orfeo. La sua donna, Euridice, era appena morta per il morso di un serpente, quando lui, fidandosi della propria bravura di cantautore, decise di andarne a chiedere la restituzione direttamente ad Ade e a Persefone. I sovrani degli Inferi, affascinati dalle sue melodie, gli dettero subito il benestare a patto però che, durante la risalita, non si voltasse mai indietro a guardarla. Lei, o per meglio dire, un demone, lo tentò più volte. Sempre imitando la voce di Euridice, gli disse: «Perché non ti volti, amore mio, sono forse diventata così brutta che non mi vuoi guardare? E dammi un bacio, un bacio solo». Ma lui, intuito l'inganno, non si voltò, almeno fino a quando non sentì sul viso la luce del sole. Sennonché, voltandosi, si accorse che la fanciulla non era ancora del tutto uscita dal cunicolo dell'Ade, e così la perse di nuovo, e questa volta per sempre.

Per Eracle, invece, la discesa agl'Inferi rappresentò la dodicesima fatica, quella di catturare Cerbero, il cane a tre teste, e di consegnarlo debitamente incatenato al suo stupido padrone Euristeo. Perché poi il gigante dovesse compiere le dodici fatiche non si è mai capito. Secondo alcuni le portò a termine per ottenere l'immortalità. Secondo altri, invece, perché si era innamorato di Euristeo. Misteri della mitologia. Per maggiori informazioni consultare *I miti greci* di Robert Graves.

Adesso, però, torniamo al nostro Ulisse e alla sua personale discesa agli Inferi. Scopo del viaggio: incontrare l'indovino Tiresia e farsi predire il futuro.

L'undicesimo canto ha inizio con la descrizione del luogo dove sarebbe situato l'Oltretomba. A leggerne i versi, la prima impressione è che ci troviamo in Inghilterra, oppure in un paese del Baltico. Stando al testo omerico, infatti, sono sempre

> avvolti da nebbie e da nuvole: mai
> il Sole splendente li guarda con i suoi raggi,
> né quando sale nel cielo stellato,
> né quando volge dal cielo al tramonto,
> ma sugli infelici mortali si stende una notte funesta.
> (*Odissea*, XI, 15-19, Mondadori, trad. A. Privitera.)

Ulisse aveva con sé anche alcuni animali da sacrificare, così come gli era stato suggerito da Circe. Ed ecco, in proposito, il circostanziato racconto dell'eroe:

«Giungemmo nella terra che Circe aveva indicato. Qui scavai una fossa lunga un cubito e larga altrettanto. Poi tutt'intorno versai miele mischiato a latte, vino dolcissimo e farina bianca in quantità. Nel frattempo Euriloco e Perimede provvidero a trasportare le vittime destinate al sacrificio. Secondo le istruzioni ricevute, scannai prima il montone nero, poi la pecora nera e per ultimo l'ariete nero. Alla fine evocai le anime dei morti e promisi loro che se fossi tornato sano e salvo a Itaca avrei immolato anche una giovenca che non avesse ancora figliato. La vista del sangue fece accorrere trapassati da ogni parte: vidi uomini, donne, bambini, fanciulle, storpi che si trascinavano su tavole di legno a rotelle, vecchi che avevano molto sofferto, ciechi col bastone e guerrieri caduti in battaglia con ancora i dardi conficcati tra le costole. Tutti piangevano e lanciavano urla strazianti. In attesa che arrivasse anche Tiresia, fui costretto tre volte a sguainare la spada per impedire che le anime più assetate si gettassero tutte insieme nella fossa intrisa di sangue.»

La prima delle anime a dichiararsi fu Elpenore, il giovane marinaio morto in casa di Circe: quello caduto dalla finestra.

«O mio sventurato compagno,» esclamò Ulisse appena lo vide. «Come hai fatto a giungere così presto in questa terra di dolore? Hai impiegato meno tempo tu, a piedi, che non io con la nera nave.»

«O figlio di Laerte,» rispose Elpenore «caddi giù nel vuoto e nel medesimo istante la mia anima finì nel mondo dove ogni speranza è vana. Quel giorno mi furono avversi il vino e la sorte. Ma non è tanto la morte la cosa che più mi addolora, quanto il sapere di non essere stato sepolto. E siccome mi dicono che appena uscito da questi lidi approderai di nuovo nell'isola Eea, ti scongiuro, o divino: concedi una giusta sepoltura al mio povero corpo. Brucialo e se ti riesce, sul tumulo, proprio in riva allo schiumante mare, piantaci sopra il remo, lo stesso con il quale ho sempre remato felice.»

Ulisse non fece in tempo a promettere la sepoltura che gli apparve l'anima di sua madre Anticlea. A vederla fra i trapassati lui, che la credeva ancora viva a Itaca, non resse alla commozione.

«O madre!» esclamò singhiozzando.

«O figlio,» gli fece eco Anticlea «come hai fatto, tu, ancor vivo, a giungere qui tra le nebbie dell'Oltretomba? E dimmi: sei tornato a Itaca? Hai rivisto la casa? E come sta la sposa?»

«O madre, che tristezza vederti quaggiù tra coloro che piangono! No, non sono ancora riuscito a tornare nell'amata Itaca. Molti anni ho errato dal giorno in cui seguii il divino Agamennone. Ma tu, piuttosto, raccontami: in che modo Thanatos è riuscito a portarti via? È stato forse dopo una lunga malattia o hai avuto in sorte una fine improvvisa? E della cara Penelope che mi racconti: mi è rimasta fedele, o è diventata la donna di un altro Acheo?»

Anticlea subito lo rassicurò:

«Con straordinaria pazienza Penelope attende il tuo ritorno e con altrettanta saggezza Telemaco amministra le tue terre. Tuo padre Laerte si è ritirato in campagna, e ora dorme sdraiato assieme agli schiavi vicino al focolare. Io, invece, passai dal mondo dei vivi a quello dei morti da un momento all'altro: fu l'arciera Artemide a colpirmi, senza farmi soffrire, con una delle sue frecce più dolci.»

Ulisse vorrebbe stringerla a sé, ma non riuscì ad abbracciarla. Tre volte ci provò e tre volte finì con l'abbracciare l'aria.

«O madre, perché mi sfuggi? Abbracciandoti vorrei saziarmi di pianto e di dolore, e tu, invece, continui a svanire nel nulla!»

«Non puoi farlo, o figlio mio dolcissimo. Noi non siamo fatti di ossa e di carne, come voi viventi, ma solo di fumo e di sogno.»

E finalmente arrivò anche il tebano Tiresia. Aveva in mano uno scettro d'oro.

«O figlio di Laerte,» esclamò l'indovino non appena lo riconobbe[1] «com'è che hai abbandonato la luce del sole per venire in questo luogo di gemiti e di tristezze?»

«Sono arrivato quaggiù proprio per parlare con te, o mio saggio Tiresia» chiarì Ulisse. «Vorrei sapere cosa ancora mi attende sulla strada del ritorno e cosa potrei fare per ingraziarmi gli Dei.»

L'indovino, però, sembrava che non avesse udito la domanda: qualunque cosa dicesse Ulisse, non riusciva a distogliere lo sguardo dal sangue. Lo fissava, come ipnotizzato. A un certo punto si accostò all'eroe, ma non per poterlo meglio guardare, bensì per potersi avvicinare di più alla fossa.

[1] Tiresia, com'è noto, era cieco. Se Omero usa l'espressione «lo riconobbe», evidentemente nell'Ade aveva recuperato la vista.

«Ti scongiuro, o divino:» lo implorò «lasciami bere un po' di questo sangue.»

Ulisse arretrò di un passo e Tiresia si gettò nella fossa per bere. Una volta dissetatosi, rispose a tutte le domande dell'eroe.

«Se bene leggo nell'animo tuo, o figlio di Laerte, a te piacerebbe avere un facile ritorno. Purtroppo non te lo posso promettere: come ben sai, c'è un Dio che ti è nemico, e il tuo viaggio sarà sempre cosparso d'insidie. Malgrado questo, anche se tra mille tormenti, potrai un giorno rivedere la patria, sempre a patto, però, che non commetta altri errori. Sbarcherai in un'isola chiamata Trinacria dove vedrai molte capre e molte mucche al pascolo. Mi raccomando: non far loro alcun male, esse appartengono al Sole! Se le uccidi, ben altre pene dovrai soffrire, prima di poter riabbracciare la moglie fedele e il caro figlio. Una volta a Itaca, poi, troverai la tua reggia invasa da un gruppo di arroganti che fanno man bassa dei tuoi beni e che insidiano la tua sposa. Ebbene, io ti preannuncio che ti vendicherai di loro, ma anche che, subito dopo, dovrai affrontare un nuovo viaggio per conoscere un popolo che non ha mai visto il mare, che non sa che cosa sia il sale, e che non ha mai visto una nave con la prora dipinta di rosso.»

Dopo Tiresia molte altre anime si avvicinarono a Ulisse: erano a tal punto assetate di sangue che l'eroe fu costretto ancora una volta a sguainare la spada per impedire che si gettassero tutte insieme nella fossa.

Tra quelle che più sgomitavano Ulisse scorse Tiro, la bella figlia del glorioso Salmoneo. Di lei si diceva che, innamoratasi del fiume Enipeo, e non essendo da questi corrisposta, avesse trascorso buona parte del suo tempo a piangere lungo le rive. Finché un giorno Poseidone, da quel grande sporcaccione che era, non prese le sembianze di Enipeo e non la sedusse proprio accanto al fiume che lei tanto amava. Nacquero così due gemelli, Pelia e Neleo, che la mamma abbandonò ancora in fasce sulla cima di una montagna dove furono salvati dal solito (provvidenziale?) pastore di passaggio.

Ricordiamo poi Antiope, la figlia di Asopo, che, per farsi aiutare da Ulisse a scendere nella fossa, gli ricordò di essere stata tra le braccia di Zeus. Giustamente l'eroe non ne tenne alcun conto, anche perché Zeus era andato a letto praticamente con tutte, o quasi tutte, le Dee e le ninfe dell'Olimpo, a volte ricorrendo anche a trucchi ignobili. E sempre a proposito di trucchi, basti pensare che un giorno, per copulare con una ninfa che era stata rinchiusa dal padre in una cella di bronzo, si mutò in una pioggia d'oro per poi penetrare attraverso le crepe del soffitto. Il che equivale a dire che in amore l'oro, e quindi il denaro, spesso e volentieri aiutano.

Poi si fece avanti Epicasta.[2] Anche lei aveva un qualcosa da dimenticare: si era accoppiata (inconsapevolmente, sia chiaro) con il figlio Edipo, dopo che questi aveva ucciso il proprio padre e quindi il di lei marito. La poverina, quando le comunicarono con chi aveva fatto l'amore, invece di prendersela con il complesso di Edipo, pensò bene d'impiccarsi a una trave di casa.

C'erano, infine, le anime di Clori, di Leda, di Ifimedea, di Fedra, di Procri, di Arianna, di Maira, di Climene e di Erifile (che tradì il marito per un pugno di monete d'oro). Ognuna di loro meriterebbe un racconto a parte, ma noi, per non disperderci lungo i mille rivoli della mitologia classica, cercheremo di non perdere di vista Ulisse.

Il primo dei compagni d'arme a farsi vivo (vivo si fa per dire) fu Agamennone: piangeva come un bambino. Ulisse lo vide e si commosse. Lo aveva lasciato a Troia potente e

[2] Anche nota come Giocasta.

spavaldo e ora se lo ritrovava in lacrime e disperato. Cosa gli era successo di così tragico, a parte la morte? Ce lo racconta lo stesso Agamennone.

«Non è stato Poseidone a trascinarmi in fondo alle acque insieme alla nera nave, né genti nemiche, né un guerriero in uno scontro leale, bensì quella belva di mia moglie, la mai abbastanza vituperata Clitennestra. La cagna, con l'aiuto del suo turpe ganzo Egisto, mi pugnalò alle spalle mentre alzavo il calice durante un banchetto. E con me furono uccisi anche i fedeli compagni, tutti scannati come porci durante una festa di nozze. Perfino tu, o figlio di Laerte, che tanti uomini hai visto morire sui campi di battaglia, avresti pianto nel vedere quell'orribile scena. Di me, in particolare, nessuno ebbe pietà: non mi chiusero nemmeno gli occhi mentre l'anima mia precipitava negli abissi dell'Ade. Che quello che è capitato a me, o mio stimato Ulisse, ti serva da lezione: non fidarti mai delle donne! Non c'è razza al mondo che possa essere considerata peggiore!»

Ma Ulisse, almeno su questo ultimo punto, non si dichiarò d'accordo.

«A essere sincero, o divino Agamennone, io penso che non dalle donne sei stato perseguitato, ma da Zeus, e questo perché sei figlio di Atreo. Elena portò lacrime e lutti a tutti noi Achei, e sua sorella Clitennestra non fu da meno.»

«Sei in errore, o compagno d'arme,» replicò subito Agamennone «sono le donne la prima causa delle nostre sventure.»

«Ci sono donne e donne...» provò a obiettare Ulisse, ma Agamennone, imperterrito, continuò nella sua requisitoria.

«Nossignore: sono tutte uguali. Tu adesso, evidentemente, stai pensando alla tua cara Penelope. Ebbene, io ti metto in guardia: non fidarti. Tienila sempre all'oscuro dei tuoi progetti. Non essere buono con lei, anche se gli altri ti dicono che è rimasta fedele. Io ero così felice il giorno in cui tornai a casa, e la perfida non mi dette nemmeno il tempo di bearmi della vista del mio unico figlio: mi uccise prima ancora che lo potessi abbracciare. E un'altra cosa ti dico, o figlio di Laerte, che non devi dimenticare: quando torni a Itaca, approda in un luogo nascosto, e subito dopo travestiti in modo che nessuno ti possa riconoscere. Prima di rivelarti, controlla cosa sta tramando la sposa, e mi raccomando: più la vedi affettuosa, e più devi diffidare.»

Mentre l'ombra di Agamennone si dileguava, si fecero avanti le anime di Achille, Patroclo e Antiloco. Il primo a riconoscerlo fu Achille e, come tutti quelli che lo avevano fin qui preceduto, gli chiese cosa diavolo ci facesse giù negli Inferi.

«O divino figlio di Laerte, o Ulisse ricco d'ingegno, come hai osato scendere nell'Ade dove dimorano solo le ombre dei trapassati?»

A solita domanda, solita risposta:

«O Achille, figlio di Peleo, di tutti gli uomini il più forte, io sono qui venuto per farmi consigliare dal tebano Tiresia circa il mio ritorno. E tu cosa mi racconti? Immagino che qui, nell'Ade, per le tue gesta da vivo, dovresti essere ora il più potente e il più riverito dei morti!»

«Non parlarmi dei morti, o mio caro Ulisse. Piuttosto che regnare sulle ombre dei trapassati, preferirei essere l'ultimo servo dell'uomo più miserabile della terra. Parlami, piuttosto, di mio padre, del nobile Peleo. Dimmi se i Mirmidoni ancora lo rispettano, o se lo disprezzano a causa della vecchiaia che lo incatena.»

«Di Peleo, in verità, non so nulla, o divino. So, invece, che tuo figlio Neottolemo ti ha sostituito con coraggio e con ardore. Quando a Troia tenevamo consiglio era sempre lui il primo a parlare e, che io sappia, non ha mai sbagliato un solo intervento. Nei combattimenti è sempre stato in prima fila. E anche nella bellezza era superato solo dal magnifico Memnone. All'interno, poi, del cavallo di legno costruito da Epeo si distinse per la pazienza e il coraggio. Quel giorno molti di noi tremarono di paura, ma io nei suoi occhi non vidi mai un fremito. Penso proprio che, come padre, tu possa esserne fiero.»

Felice per quanto aveva appena appreso, Achille si allontanò, dando modo a Ulisse di scorgere un'anima che si teneva in disparte, quasi non volesse mostrarsi: era quella del grande Aiace, ancora offeso per l'incresciosa storia delle armi di Achille.

Ricordiamo brevemente l'episodio: quando Achille fu colpito a morte da Paride, le armi, che gli erano state regalate da Teti, avrebbero dovuto essere consegnate al più valido degli Achei, e quindi ad Aiace Telamonio o a Ulisse. Ora, che dei due Aiace fosse il più forte non c'erano dubbi: tra l'altro era un gigante alto quasi due metri, il che, in un esercito dove venivano considerati alti anche i guerrieri di un metro e sessanta, era tutto dire. Non volendo, però, Agamennone assumersi la responsabilità di questa scelta, venne formata una giuria (o, secondo altri, venne addirittura chiesto un parere al nemico). Certo è che sia gli Achei che i Troiani furono tutti d'accordo nel definire Ulisse il più valido, o per meglio dire il più pericoloso. Al che il povero Telamonio andò fuori di testa, e, finito in una mandria di pecore, le uccise tutte, dalla prima all'ultima, scambiandole per i suoi nemici personali, e cioè per Agamennone, Menelao, Diomede e Ulisse. Dopodiché si gettò sulla propria spada, suicidandosi.

Ulisse cercò di parlare con l'eroe offeso. Gli chiese anche di dimenticare la faccenda delle armi, dando (tanto per cambiare) ogni colpa agli Dei, e in particolare a Zeus, che odiava gli Achei. Ma il Telamonio non volle sentir ragioni, e, prima ancora che Ulisse potesse avvicinarlo, si dileguò. Nel frattempo, intorno all'eroe si erano accalcate moltissime altre anime, tra cui Minosse, Orione, Tizio, Tantalo, Sisifo, Eracle, Teseo e Piritoo. Ulisse allora, per evitare la ressa, pensò bene di squagliarsela.

Canto XII

Le Sirene

Laddove si narra di come Ulisse esaudisca il desiderio di Elpenore di essere sepolto, e di come, subito dopo, sia costretto a superare due prove, una più terribile dell'altra: l'isola delle Sirene e il passaggio attraverso Scilla e Cariddi.

Una volta usciti dall'Ade, il primo pensiero fu quello di mantenere la promessa fatta a Elpenore, e cioè di seppellirne il cadavere in riva al mare col massimo degli onori. Il pericolo, piuttosto, era quello di dover tornare da Circe e cadere nelle tentazioni di sempre. In verità gli Itacesi questa volta si comportarono come altrettanti *gentlemen* e senza nemmeno fare troppi sforzi. Evidentemente avevano imparato la lezione e non avevano alcuna voglia di finire i loro giorni in un misero porcile. Circe, poi, diciamo la verità, fu anche molto ospitale e li accolse nel migliore dei modi.

«Appena seppe del nostro arrivo,» raccontò Ulisse «ci venne incontro sulla spiaggia scortata da tutte le ancelle. Sia lei che le fanciulle avevano indossato vesti preziose e trasparenti. Noi, però, eravamo talmente concentrati nel compito che ci eravamo prefissi, che evitammo perfino di guardarle. Il giovane Elpenore fu bruciato con le sue armi e seppellito col massimo degli onori. Sul tumulo, come promesso, piantammo l'agile remo. Quando porsi alla salma l'estremo saluto piansero tutti, perfino le ancelle.»

Il dodicesimo canto inizia quindi con un funerale, ma anche con un banchetto. Circe e le sue ancelle accolsero gli eroi portando con sé «σῖτον κὰι κρέα πολλὰ κὰι αἴθοπα οἶνον ἐρυθρόν», ovvero «pane, carne in quantità e vino rosso frizzante». D'altra parte, un po' di appetito dovevano anche avercelo dal momento che nell'antro di Polifemo più che mangiare avevano corso il rischio di essere mangiati, e che nell'Ade non avevano toccato cibo.

Una volta finito il pranzo, Circe prese in disparte Ulisse e lo mise in guardia dai pericoli che da lì a poco avrebbe incontrato. Ormai la Maga gli si era affezionata, come, del resto, era già capitato a tutte le donne che avevano avuto la fortuna (o la sfortuna) di conoscerlo.

«O mio audace Ulisse,» gli sussurrò in un orecchio «io ti mostrerò la rotta che dovrai seguire e ti darò alcuni consigli pratici perché tu non abbia a soffrire più di quanto non sia già stato deciso dagli Dei. Per prima cosa, incontrerai una strana isola dove vivono alcune bellissime donne chiamate Sirene. Sappi che nessun uomo è mai riuscito a rivedere la propria casa dopo averle ascoltate. Le maliarde stregano i naviganti con un canto dolcissimo e li convincono ad avvicinarsi per poi farli naufragare su decine e decine di scogli aguzzi appena affioranti. Esse, per attirare i cupidi sguardi dei marinai, si mostrano nude mollemente adagiate su prati coperti di fiori. Per uscire indenne dagli incantesimi delle Sirene, devi tappare con pezzi di morbida cera le orecchie dei tuoi rematori e fare in modo che nessuno di loro ne oda il canto soave. Tu invece, se proprio lo desideri, ascoltale pure, sempre, però, dopo esserti fatto saldamente legare all'albero maestro e dopo aver ordinato ai tuoi compagni di non liberarti per nessuna ragione, qualsiasi cosa dica o faccia durante il passaggio. Per renderti conto del pericolo, sappi che su quegli stessi prati biancheggiano da sempre ossa e teschi di migliaia di naufraghi.»

Ulisse s'impresse bene in mente i consigli della Maga e in cuor suo decise di non perdersi nemmeno un verso delle maliarde. Ne aveva sempre sentito parlare nei porti di mare e ogni volta ne era rimasto affascinato. Quale occasione migliore per poterle ascoltare senza dover correre rischi eccessivi!

«Subito dopo» continuò la Maga «un'altra prova ti attende, ancor più impegnativa di quella delle Sirene. Decine di rupi erranti ti piomberanno addosso all'improvviso e quando meno te lo aspetti. Su di loro le onde del mare s'infrangono con grande clamore. Evitale se puoi e allontanatene quanto più ti è possibile. A volte, nei loro pressi, nemmeno gli uccelli migratori riescono a transitare. Una sola nave, di nome Argo, riuscì un giorno ad aggirarle, ma questo grazie alla divina Era che aveva deciso di aiutare il suo amato Giasone.»

«Anch'io, in verità, ho una Dea che mi protegge» tenne a precisare Ulisse, ma Circe preferì ignorare l'esistenza di una concorrente e continuò con l'elenco dei pericoli.

«Una volta evitate le rupi erranti, dovrai passare tra due scogli, l'uno più pericoloso dell'altro: il primo è così alto che sfiora il cielo stellato. Una nuvola lo sovrasta, sia d'estate che d'inverno, e al suo interno, in un antro buio e fumoso, si cela un orribile mostro chiamato Scilla. Il suo abbaiare è simile a quello di un cucciolo, tu, però, non lasciarti ingannare: Scilla ha dodici piedi, dodici mani, sei colli retrattili e sei bocche munite di una triplice fila di denti. Di solito non si mostra: fa solo capolino dalla buia spelonca e attende con pazienza che qualche barca le si avvicini. Dopodiché allunga uno dei suoi colli smisurati e afferra il marinaio più a portata di mano, per poi divorarlo con comodo nell'orrenda spelonca.»

«Ma potrò almeno difendermi con le armi?» chiese Ulisse.

«Saresti un folle solo a pensarlo: Scilla è un mostro immortale. L'unica, forse, che potrebbe riuscirci sarebbe sua madre Crataide, che, però, non lo farebbe mai, desiderando, come tutte le madri, che il figlio si nutra al massimo.»

«Allora cercherò di tenermi al largo.»

«Senza esagerare però, anche perché dalla parte opposta c'è uno scoglio, se possibile, ancora più pericoloso: è basso, apparentemente innocuo, e con al centro un gigantesco albero di fico. Ci vive un mostro chiamato Cariddi che per tre volte al giorno inghiotte l'acqua del mare e che per tre volte al giorno la rigetta con immenso fragore. Guai a chi passa vicino a Cariddi nel momento in cui inghiotte o nel momento in cui vomita: lo stesso Poseidone non riuscirebbe a salvarsi!»

A questo punto Ulisse avrebbe voluto tornare dai compagni, ma Circe lo trattenne: il lungo elenco delle insidie non era ancora finito.

«Una volta superato Scilla e Cariddi, un altro pericolo ti attende: una bellissima isola chiamata Trinacria, ricca di prati rigogliosi e di colline sempre in fiore. Tu, però, non lasciarti sedurre dalla bellezza del paesaggio e cerca d'ignorarla.»

«Quale altro mostro vi si nasconde?» chiese Ulisse, ormai rassegnato a dover sostenere una lotta continua contro le più svariate avversità.

«Nessun mostro, o figlio di Laerte, ma solo sette greggi di pecore e sette mandrie di vacche, ciascuna composta da cinquanta magnifici capi, e per finire due ninfe, Faetusa e Lampezia, che a turno le sorvegliano, di giorno e di notte.»

«E in che consiste il pericolo?»

«Nel fatto che le mandrie appartengono al Dio Sole, cioè al divino Iperione, che le ama alla follia» proseguì la Maga. «Chiunque ne uccidesse anche un solo capo finirebbe col decretare la propria morte. A scanso di tentazioni, quindi, ti converrà non avvicinarti a Trinacria.»

Tornato dai suoi, Ulisse si guardò bene dal comunicare ai compagni tutto quello che aveva saputo dalla Maga. Ebbe paura che, una volta a conoscenza dei possibili pericoli, gli uomini si potessero rifiutare di riprendere la navigazione. Come a dire: meglio fare i maiali con le ancelle di Circe, che diventare pasto per i pescicani.

La mattina dopo un allegro venticello incoraggiò tutti alla partenza: soffiava nella giusta direzione e gonfiava le bianche vele quel tanto che bastava per prendere il largo. Circe, la maga dai bei capelli e dalla voce umana, restò a lungo sulla spiaggia per l'ultimo saluto. Le condizioni favorevoli del mare, però, non durarono a lungo: proprio nei pressi dell'isola delle Sirene, una bonaccia li costrinse a remare. Al che Ulisse ne approfittò per mettere in guardia i marinai.

«Amici miei,» disse «tra poco vedremo delle donne bellissime, completamente nude, distese su prati fioriti. Esse c'inviteranno ad approdare, ma noi non dobbiamo nemmeno guardarle, né tantomeno ascoltarle: il loro canto, per quanto delizioso possa sembrare, non perdona! Solo io potrò udire la loro voce. Voi, invece, con le orecchie ben tappate di cera, dopo avermi legato saldamente all'albero maestro, dovrete continuare a remare senza alzare mai lo sguardo, e qualunque cosa io faccia o dica, non dovrete mai slegarmi, almeno fino a quando l'isola non sarà scomparsa del tutto all'orizzonte. Più io cercherò di liberarmi dalle funi e più voi dovrete stringere i nodi.»

Dopodiché prese un grosso disco di cera e, ridottolo in tanti piccoli pezzi, otturò le orecchie di tutti i suoi compagni. Un po' per il calore delle mani, un po' per quello del sole, la cera si modellò all'interno dei padiglioni auricolari dei marinai, rendendoli completamente sordi. Alcuni di loro, infine, provvidero a legarlo, mani e piedi, alla base dell'albero maestro.

Le Sirene li attendevano con ansia. Le più belle, ovvero Partenope, Aglape, Ligea, Molpè e Leucosia, non appena si accorsero che la nave era a un tiro di voce, fecero di tutto per convincere Ulisse ad approdare.

«Accostati ordunque, o glorioso figlio di Laerte, grande vanto dei Danai. Ferma la tua nave e ascolta il nostro canto soave. È da troppo tempo ormai che siamo in attesa del tuo arrivo. Sappi che ognuna di noi muore dalla voglia di stringerti al seno, di baciarti sulla bocca e di carezzare le tue membra virili. Tu, per tutte noi, sei sempre stato il migliore degli eroi. L'unico, forse, che all'acuto ingegno accoppia un fisico attraente. Ah, poterti alfine incontrare! Noi sappiamo tutto ciò che è possibile sapere. Sappiamo quanto hai sofferto sotto le mura di Troia e quanto nel travagliato ritorno. È nostra intenzione, quindi, ricompensarti di tutti gli affanni subiti. Ecco perché ti scongiuriamo di non lasciarci sole con i nostri inconfessabili desideri.»

Ora mettiamoci nei panni di Ulisse. Immaginiamo Claudia Schiffer, Naomi Campbell, Cindy Crawford e Sharon Stone, tutte nude, che ci invitano ad andare a letto con loro, e chiediamoci che cosa avremmo fatto al suo posto. Ulisse, poverino, fece di tutto per farsi sciogliere. Sapendo che i compagni non lo potevano sentire, cercò con gli sguardi di attirare la loro attenzione. A volte li supplicava atteggiando il viso al dolore, a volte strabuzzava gli occhi, e a volte reclinava il capo nella speranza che lo credessero morto, o quanto meno svenuto, ma non ci fu nulla da fare: Euriloco e Perimede si alzarono una sola volta dagli scanni, e unicamente per stringere ancora di più i nodi che gli impedivano di muoversi. Tutti gli altri, curvi sui remi, pensavano solo a portare la nave quanto più lontano possibile da quella maledetta isola.

C'è chi dice che, avvilite dal rifiuto, le Sirene si siano in seguito suicidate: si tratta, però, di voci messe in giro da misogini accaniti.

Dove poi si trovasse quest'isola è sempre rimasto un mistero. Non c'è isoletta o scoglio del Mediterraneo che non abbia provato ad appropriarsi del titolo di «isola delle Sirene»: prima fra tutte Capri, in quanto terra consacrata all'amore, poi la maggiore delle isole Li Galli al largo di Positano, quindi Procida, Panarea, Maiorca, l'isola delle Femmine nei pressi di Palermo e persino Sjernaroy, un'isoletta al largo delle coste norvegesi. La verità è che le Sirene sono dappertutto. Il problema è non credere a quello che ti dicono.

Alle Sirene, in effetti, Omero dedica pochissimi versi, eppure la loro immagine rispunterà un po' dovunque nella letteratura. C'è chi le descrive come esseri metà donna e metà pesce, chi come uccelli con le tette e il viso di donna e chi come femmine nude sdraiate sugli scogli. Resta inalterato, in tutte queste rappresentazioni, il fatto che sono donne, che hanno il seno nudo e che cantano, quasi che il cantare fosse un mezzo più seduttivo del parlare. A me ricordano una vecchia canzone napoletana di Salvatore Di Giacomo intitolata per l'appunto *'A Sirena*. Parla di un vecchio pescatore al quale era stato tanto raccomandato di non passare mai vicino Procida. La canticchiava sempre mia madre.

> Si passe scanzate, ca c'è pericolo:
> ce sta na' femmena che 'nganna l'uommene
> s' 'e chiamma e all'ultemo e fa murì.[1]

Il pescatore, però, sottovaluta il pericolo: lui si ritiene immune da qualsiasi tentazione, anche perché una sola

[1] Traduzione per i non napoletani:

> *Se passi scansati che c'è un pericolo:*
> *c'è una donna che inganna gli uomini.*
> *Prima li chiama a sé e poi li fa morire.*

volta nella vita aveva perso la testa per una donna e questo era accaduto molti anni prima, quando ancora era un ragazzo, e quindi, in quanto tale, vulnerabile. Sennonché il poverino scopre che la sirena di Procida è proprio lei, la donna di cui era stato innamorato da giovane. Fa appena in tempo a dirle: «Sei infame e sei bella» che naufraga. Morale: prima di affrontare le sirene è meglio farsi legare.

Dopo le Sirene Ulisse affrontò la terza prova, quella di Scilla e Cariddi. Lasciamo che sia lui stesso a raccontarcela.

«Per prima cosa vedemmo un gran fumo alzarsi da Scilla e subito dopo un immenso vortice d'acqua venir fuori dalla vomitante Cariddi. Ad alcuni marinai, per il terrore, sfuggirono di mano gli agili remi. Io allora mi misi a correre su e giù per la nave incoraggiando i più pavidi. "O compagni di tante sventure," urlai "battete senza sosta con i remi le acque del mare profondo e non diminuite mai il numero dei colpi, qualsiasi cosa accada. E tu, spavaldo nocchiero, tieni ben salda tra le robuste mani la barra del timone. Evita, se puoi, gli scogli aguzzi e i fatali risucchi." Ovviamente, nulla gli dissi di Scilla e dei suoi colli prensili, per evitare che abbandonasse il timone e andasse a nascondersi sotto coperta. Per farla breve, passammo lo stretto piangendo come fanciulli. Da una parte c'era Cariddi che con cupi rimbombi inghiottiva immense quantità di acqua salata, e dall'altra Scilla che con le sue bocche dentate si affacciava ghignando dall'antro fumoso. Tra i due mali fui costretto a scegliere il minore, quello di Scilla. Meglio perdere sei uomini, pensai, che morire tutti contemporaneamente nei vortici di Cariddi. E difatti, come ci accostammo allo scoglio di Scilla, il mostro allungò le sue bocche fameliche quel tanto che bastava per addentare sei dei miei rematori... purtroppo i migliori.»

Anche in questa disavventura Ulisse tira fuori tutta la sua razionalità. Sapendo in anticipo quello che sarebbe successo, avrebbe potuto mettere in salvo qualcuno dei suoi marinai, magari quei tre o quattro a cui era più affezionato. Il suo obiettivo primario, però, non glielo consentiva: la prima cosa da fare era salvare la nave, e questo era possibile solo grazie al sacrificio degli uomini migliori.

«Vidi i sei compagni sparire nelle fauci del mostro, prima con le gambe, poi col busto e infine con la testa. E mentre Scilla li inghiottiva lentamente, con estrema voluttà, li vidi tendermi le braccia e li sentii gridare a lungo il mio nome.

Comunque, una volta superato lo stretto, giungemmo in vista della stupenda Trinacria. Eravamo ancora lontani dalle sue rive fiorite quando udimmo muggire le bellisime mucche del Dio Sole. Mi ricordai, allora, di quanto mi aveva detto Circe e ritenni mio dovere mettere in guardia l'equipaggio: "Amici carissimi," dissi "datemi ascolto: sia Tiresia che Circe mi hanno consigliato di non sbarcare su quest'isola. Terribili sciagure potrebbero cadere sul nostro capo se solo provassimo a metterci piede. Continuiamo ordunque a remare come se ci trovassimo in mare aperto, e spingiamo la nera nave quanto più lontano possibile da questa terra piena di trappole".»

L'appello, però, rimase inascoltato. I compagni erano a pezzi e avevano voglia di riposarsi. Il paesaggio, infine, era a tal punto invitante che le profezie di Tiresia e di Circe sembrarono a tutti poco credibili.

«O indistruttibile Ulisse,» protestò Euriloco «evidentemente tua madre Anticlea ti fece con il ferro e non con la carne. Come fai a non accorgerti che i tuoi uomini sono stremati dal freddo, dalla fatica e dal sonno? Non vuoi farli scendere a terra, non vuoi che si riposino almeno una notte, e che si possano preparare un pasto caldo. Preferisci, al contrario, che continuino a vagare per il mare in tempesta, sballottati dai venti e dai marosi. Sei davvero crudele!»

Tutti applaudirono e Ulisse si vide costretto a cedere. Tuttavia, non poté fare a meno di metterli sull'avviso:

«Accetto questa sosta anche perché non mi lasciate delle alternative, giuratemi, però, sul vostro onore che non toccherete mai e poi mai né le mucche né le pecore che incontrerete sul cammino: esse appartengono al Dio Sole e sono da considerare sacre a tutti gli effetti. Gravissime sciagure si abbatterebbero sul nostro capo se solo provassimo a ucciderne una. D'altronde non ne avremmo nemmeno bisogno, dal momento che abbiamo con noi buona parte delle scorte forniteci da Circe.»

Questi gli ammonimenti. Ancora una volta, però, alle parole non seguirono i fatti, soprattutto a causa della malasorte. Una tempesta di inaudite proporzioni si abbatté sull'isola e impedì di fatto che gli Itacesi potessero riprendere la navigazione. Loro, poverini, all'inizio fecero di tutto per non toccare le vacche: esaurirono prima le scorte di Circe, poi si mangiarono qualche pesciolino che riuscirono a pescare e infine tutte le verdure che trovarono girando per i campi. Alla fine, però, dopo un lunghissimo digiuno, rimaneva ben poco da scegliere: o si faceva fuori qualche vacca o era la fame. E fu così che una sera, approfittando del fatto che Ulisse era andato a dormire, ne macellarono un paio.

Quando l'eroe si svegliò e si rese conto dell'accaduto, si arrabbiò moltissimo. Venne, però, subito contestato, e come sempre fu Euriloco a prendere la parola a nome dei compagni.

«O divino figlio di Laerte,» gli disse «tutti dobbiamo morire, perché così hanno deciso gli Dei. Morire di fame, però, è la peggiore delle morti. Ci dispiace per il Dio Sole, ma non abbiamo avuto alternative. Vuol dire che se un giorno riusciremo a tornare a Itaca, gli eleveremo un magnifico tempio per ringraziarlo di averci salvato la vita con le sue mucche. Se invece il destino che ci attende sarà quello di perire nel mare profondo, allora, cosa vuoi che ti dica: preferisco finire i miei giorni con il ventre pieno di cibo, piuttosto che languire di fame su un'isola abbandonata.»

Il Sole, però, ci restò malissimo: le sue vacche predilette, quelle che tutti gli avevano sempre invidiato, erano state degradate a carne da macello. Appena seppe la notizia, volò sulla cima dell'Olimpo per protestare col padre degli Dei.

«O divino Zeus e voi tutti Numi beati, punite i compagni di Ulisse. Essi mi hanno ucciso le miti vacche della cui vista godevo ogni qualvolta salivo nel cielo stellato. Se non li vedrò puniti con adeguata sentenza, giuro che da oggi in poi mi ritirerò nel profondo Ade e che splenderò solo per le anime dei morti.»

«Ti scongiuro, o Sole: non farlo» gli rispose Zeus, terrorizzato all'idea di dover vivere al buio, «continua a splendere per gli Dei Immortali e per tutti gli uomini che ti meritano. Per quanto riguarda, invece, i compagni di Ulisse, non preoccuparti: oggi stesso, con la vivida folgore, colpirò la loro concava nave e li farò perire nel mare colore del vino.»

E così fece: quando si accorse che la nave di Ulisse era lontana da qualsiasi approdo, gli scatenò addosso, l'uno dietro l'altro, tuoni e fulmini in quantità. La furia dei venti come prima cosa sradicò l'albero maestro per poi farlo precipitare sulla testa del pilota. Il disgraziato non ebbe nemmeno il tempo di gettare un urlo che morì sul colpo. Subito dopo spezzò in due la nave con una delle sue potentissime folgori, per poi farla sparire per sempre tra le acque che odoravano di zolfo. Tutti gli Itacesi morirono in pochi minuti a eccezione di Ulisse che riuscì a salvarsi grazie a un pezzo di legno.

«Per nove giorni e nove notti vagai. Il decimo giorno venni gettato dai marosi sull'isola Ogigia, lì dove vive la ninfa Calipso dai bei capelli, la Dea che parla con voce umana. Lei mi accolse che ero più morto che vivo ed ebbe cura di me. Nel contempo, però, mi tenne prigioniero per sette lunghissimi anni.»

Termina così il lungo racconto di Ulisse. Alcinoo e i principi Feaci lo ringraziarono a lungo, a volte anche applaudendolo, e subito dopo si adoperarono perché potesse raggiungere, con un'adeguata scorta, la patria tanto desiderata.

Canto XIII

Il ritorno a Itaca

Laddove si narra di come i Feaci accompagnino Ulisse a Itaca per poi abbandonarlo sulla spiaggia mentre ancora sta dormendo, e di come, una volta svegliatosi, l'eroe non riconosca la sua isola. Si narra infine di come la Dea Atena lo tramuti in un vecchio mendicante in modo che nessuno lo riconosca.

Di una cosa possiamo essere certi, che i Feaci, in quanto a ospitalità, non erano secondi a nessuno: basti pensare che il re Alcinoo, oltre a fornire al nostro eroe una nave e una scorta adeguata, aveva collocato personalmente, sotto i banchi dei rematori, numerosi vasi di bronzo colmi di ogni ben di Dio. All'epoca predisporre i viveri per un lungo viaggio non era poi una cosa facile: niente carne, infatti, né pesce, verdura, frutta o altro genere alimentare contenente acqua, bensì fave secche, grano, lenticchie e gallette di farina d'orzo (μᾶζα) opportunamente abbrustolite.

Ovviamente un paio di ore prima della partenza c'era stato il solito banchetto a base di arrosti e di grandi libagioni, con relativo scannamento di buoi da sacrificare in onore di Zeus, il tutto affinché il Signore delle Nuvole se ne stesse buono e tranquillo per almeno un paio di giorni. L'unico, forse, a non gradire troppo il banchetto fu proprio Ulisse: era così grande in lui la voglia di tornare a casa, che bastava un ritardo di mezza giornata per farlo innervosire.

«O potente Alcinoo,» esclamò a un certo punto, non appena si accorse che il banchetto andava per le lunghe, «o generoso tra tutti i potenti, lasciami partire e fa' che io possa rivedere l'isola dove ebbi i natali. Ogni cosa, ormai, è stata predisposta per il lungo viaggio: non mi resta che prendere la via del mare sperando nella benevolenza degli Dei. E a tale proposito supplico Zeus perché doni anche a te un'esistenza felice, così come auguro a tutti i Feaci una vita serena accanto alle spose e ai teneri figli. Per quanto riguarda la mia persona, invece, mi accontenterei di trovare in vita, e in buona salute, la sposa Penelope, il padre Laerte e il figlio Telemaco, da me abbandonato quand'era ancora un infante.»

Ovviamente, conoscendolo bene, non era il tipo da accontentarsi di così poco: come prima cosa avrebbe voluto vendicarsi di tutti coloro che in un modo o in un altro avevano profittato della sua assenza, salvo, poi, eliminare qualcun altro che gli avrebbe potuto dare fastidio.

Ad ogni modo, sincero o ipocrita che fosse il suo discorso, il ringraziamento piacque moltissimo ai principi Feaci e soprattutto ad Alcinoo, che non si lasciò scappare l'occasione per proporre un ennesimo brindisi.

«O Pontonoo,» ordinò il re a un giovane araldo che gli stava alle spalle «mischia l'acqua col vino e riempi le coppe a tutti i nostri ospiti. Ma soprattutto fammi bere Ulisse in modo che parta al più presto e con in corpo qualcosa di frizzante che gli metta allegria.»

L'araldo obbedì e per primo servì Ulisse che a sua volta volle dedicare il brindisi ad Arete, la bella moglie di Alcinoo.

«O mia regina,» disse alzando in alto la coppa «io auguro a te e ai tuoi figli una lunga vita felice, mai attraversata da brutti pensieri, almeno fino a quando Thanatos non ti avrà afferrata per i capelli e portata con sé nei bui anfratti dell'Ade, come peraltro è destino dei comuni mortali.»

L'usanza di ricordare la morte per meglio apprezzare la vita era un'abitudine molto in voga a quell'epoca. Noi, oggi, ci guarderemmo bene dal farlo, se non altro perché, sotto sotto, speriamo sempre che un bel giorno la scienza ci renderà immortali.

Gli uomini della scorta sciolsero le gomene, tirarono a bordo la pietra forata, e, piegati in avanti, spinsero a forza di braccia l'imbarcazione fuori dalla rada. Una volta in mare aperto, un forte vento li prese in consegna e la prua della nave s'impennò sulle onde come un carro che parte di scatto allorché i cavalli vengono frustati. Ulisse avrebbe voluto restare ancora un po' sul ponte di comando, se non altro per salutare quella terra che così bene lo aveva accolto, quando una profonda spossatezza lo convinse a ritirarsi sotto coperta. Dormì in pratica per quasi due giorni, e, immerso com'era in un sonno profondo, non si accorse nemmeno quando arrivarono a Itaca. Si perse così il tanto sospirato rientro in patria. I marinai Feaci, poi, dal canto loro, sempre per non svegliarlo, lo deposero con delicatezza sulla spiaggia e se ne andarono senza fare rumore. Lo piazzarono all'ombra di un magnifico olivo dalle foglie sottili, e gli posero accanto tutti i magnifici doni che Alcinoo gli aveva regalato.

Poseidone, nel frattempo, stava fuori di sé dalla rabbia:

«Quel farabutto, quel mentitore, ha reso cieco il mio amato figlio Polifemo dopo averlo ubriacato con del vino misturato, e i Feaci, i miei prediletti, per tutta risposta che fanno? Si prodigano per aiutarlo a tornare in patria!»

L'offesa indubbiamente era grave e andava riparata al

più presto: come prima cosa Poseidone si rivolse a suo fratello Zeus.

«O Padre degli Dei,» gli comunicò tra le lacrime «da oggi in poi nessuno mi porterà più rispetto. Avevo annunziato agli Dei Immortali che Ulisse, l'uomo che odio più di tutti al mondo, non sarebbe mai tornato in patria, se non a prezzo di innumerevoli sofferenze, e ora invece eccolo lì, che se la dorme beato sulle spiagge della sua Itaca. E non basta: la mia ingrata progenie gli ha anche messo accanto dei bellissimi vasi, colmi fino all'orlo di oggetti d'oro e di bronzo: una ricchezza ben più grande di quella che il figlio di Laerte avrebbe potuto portare da Troia se solo le sue navi non fossero naufragate al largo di Ogigia.»

E a lui così rispose il Signore dei Nembi:

«Cosa dici mai, o potente fratello: nessuno degli Dei oserebbe mancarti di rispetto. Resti pur sempre il più anziano di tutti noi e potrai sempre vendicarti di chi ti ha offeso: in questo caso dei Feaci, che così palesemente hanno disubbidito ai tuoi voleri.»

Poseidone (ormai lo conosciamo) non se lo fece dire due volte: prese la nave che aveva scortato Ulisse e la pietrificò in modo che colasse a picco all'istante. Quindi, non ancora soddisfatto, scatenò un tremendo terremoto nella città di Scheria dove morì buona parte della popolazione. Inutilmente Alcinoo e i suoi principi, riunitisi in consiglio, decisero di sacrificargli i migliori tori che riuscirono a trovare. Il Dio fu irremovibile: nel cuore della notte spostò di qualche chilometro una montagna e la fece franare sulle abitazioni dei Feaci in modo da massacrare quanta più gente possibile.

Ma torniamo a Ulisse e al suo risveglio.

La baia di Forco, a Itaca, è un'insenatura pressoché sconosciuta, e in quanto tale anche molto tranquilla. Due promontori, molto alti, la tengono al riparo da quasi tutti i venti, sia quelli di scirocco che quelli di tramontana. Le imbarcazioni, in genere, vengono lasciate libere al centro senza essere costrette a particolari ancoraggi. Nessuno frequenta le sue spiagge o vi sbarca mai. Ulisse, quindi, avrebbe potuto continuare a dormire per quanto tempo avesse voluto, se i tuoni e i fulmini che Zeus aveva inviato contro la nave dei Feaci non l'avessero svegliato di soprassalto. L'eroe si guardò intorno e, incredibile a dirsi, non riconobbe la sua patria.

«Ahimè,» cominciò a lamentarsi «dove sono finito? Su quale terra mi trovo e tra quali genti? Probabilmente avrei fatto meglio a restare a Scheria, con i Feaci, uomini giusti e leali!»

Lo so, si stenta a crederlo. Anche tenendo conto che erano passati vent'anni, non si capisce come abbia potuto non riconoscere un luogo che chissà quante altre volte aveva visto nella vita. Evidentemente in quegli ultimi anni erano state tali e tante le disgrazie che gli erano piovute addosso, che qualsiasi cosa gli capitasse la leggeva in chiave negativa. Detto in altre parole, il poverino, a ogni nuovo approdo, si aspettava, come minimo, di dover affrontare un mostro, un gigante, o, nel migliore dei casi, un popolo che lo voleva divorare.

«Povero me,» riprese a lamentarsi «a quale triste destino sto andando incontro? E questi doni così preziosi dove potrò mai custodirli?»

Poi, però, si accorse che alle sue spalle c'era una grotta e pensò bene di nasconderci tutti i doni di Alcinoo. Si trattava di un antro buio e molto profondo, caro alle ninfe Naiadi, dove il suo tesoro sarebbe stato al sicuro. Stava per l'appunto trasportando, uno alla volta, i tripodi d'oro e i vasi di bronzo, quando gli apparve Atena sotto le sembianze di un giovanetto che pascolava un gregge di pecore. Ulisse subito ne approfittò per chiedergli informazioni.

«O ragazzo, dal momento che sei anche il primo essere

umano che incontro su questa spiaggia, dimmi in quale terra mi trovo e tra quali uomini sono finito.»

E a lui così rispose la Dea dagli occhi lucenti.

«Se di questa terra mi chiedi, vuol dire che sei proprio ridotto male. Questa è un'isola aspra e selvaggia, piena di sassi, non adatta ai cavalli, ma anche molto conosciuta da coloro che sono soliti vivere sui mari. Vi crescono il grano e la vite, ed è sempre bagnata dalla rugiada e dalla pioggia. Tu dovresti conoscerla meglio di tutti dal momento che ci sei anche nato: il suo nome è Itaca.»

Alla parola «Itaca» Ulisse ebbe un sussulto. Nel medesimo tempo, però, non volle scoprirsi: non conosceva il giovane con cui stava parlando, né la sua famiglia, ritenne quindi più prudente non lasciarsi andare.

«Ho sentito più volte parlare di questa Itaca quando vivevo a Creta» mentì spudoratamente. «Ed è proprio da Creta che sono dovuto fuggire per aver ucciso il figlio di Idomeneo che voleva impossessarsi di tutto il mio denaro. Lo colpii con una lancia di bronzo mentre stava tornando dai campi. Poi trovai scampo su una nave di marinai fenici che mi sbarcarono, mentre ancora dormivo, su questa terra sconosciuta.»

La Dea dallo sguardo luminoso sorrise: le bugie di Ulisse l'avevano sempre divertita. L'astuto figlio di Laerte, infatti, anche nei momenti più difficili non perdeva mai il vecchio vizio di mentire. Era sempre pronto a inventarsi nuove storie, un po' per prudenza, e un po' per il gusto fine a se stesso dell'inganno. Decisa, però, a fargli capire con chi aveva a che fare, Atena riprese all'improvviso il suo aspetto di Dea e gli apparve in tutto il suo splendore.

«O uomo tenace, mai sazio d'inganni,» lo rimproverò «davvero presuntuoso sarebbe colui che volesse superarti nelle astuzie o nei raggiri. Probabilmente nemmeno l'immaginifico Hermes riuscirebbe a tanto. Ora però smettiamola con le frottole: siamo entrambi astuti, tu tra i mortali e io tra gli immortali. E perché tu possa renderti conto con chi stai parlando, sappi che io sono Atena, la figlia di Zeus. Più volte ti sono stata accanto quando combattevi sotto le mura di Troia e più volte ho deviato le frecce che stavano per trafiggerti il cuore. Tra l'altro, sono stata io che ti ho reso caro ai Feaci. E ora mi raccomando: a nessun uomo e a nessuna donna dovrai rivelare il tuo nome, a meno che non sia io stessa a consigliarti di farlo. Sappi, inoltre, che ancora molti dolori e molte umiliazioni dovrai sopportare, prima di poterti sedere sul trono di Itaca.»

Ulisse a vedersi davanti una Dea in carne e ossa si emozionò moltissimo. Poi però, non appena riprese fiato, così rispose:

«O Dea dagli occhi lucenti, è davvero difficile riconoscerti, tante sono le sembianze che assumi. Ma che tu, a Troia, mi sia stata accanto durante gli scontri l'ho sempre saputo. Poi, una volta iniziato il viaggio di ritorno non ho sentito più sulla mia persona la tua mano protettrice, o almeno così credo, dal momento che non ho avuto più pace, tali e tante sono state le vicissitudini piovutemi sul capo. Ora, però, ti scongiuro, o divina: non credo che questa terra sia la mia Itaca piena di sole. Altro è il paese in cui ci troviamo, e penso che tu mi voglia mettere alla prova, chissà per quale motivo: forse per consolarmi, seppure momentaneamente, o forse soltanto per prenderti gioco di me.»

Ulisse insomma non crede di essere tornato a Itaca. Non si sa, se per la sua diffidenza congenita, o per il piacere di sentirselo ripetere. Certo è che glielo chiede ancora con le lacrime agli occhi.

«Sei davvero saggio, o figlio di Laerte. Un altro uomo, al tuo posto, si sarebbe già precipitato in città per comunicare a tutti il suo ritorno. Tu, invece, hai preferito nasconderti nell'antro delle Naiadi. Adesso immagino che prima di recarti a Itaca vorrai sapere se la tua sposa ti è rimasta fedele, e su chi dei tuoi sudditi puoi ancora contare. Ebbene, sappi che io sono qui proprio per questo, per informarti di quello che è accaduto in questi ultimi anni. Se poi dubiti ancora che questa sia Itaca piena di sole, sappi che la rada in cui ci troviamo è la baia di Forco, che l'albero dalle foglie sottili che vedi ergersi laggiù sui prati è l'olivo sul quale ti arrampicavi da ragazzo, e che il monte che ci sovrasta è il tuo Nerito coperto di boschi.»

A questo punto l'eroe non ebbe più dubbi: s'inginocchiò e baciò il suolo che aveva tanto desiderato. La Dea luminosa, però, non lasciò che si crogiolasse troppo nella commozione.

«Pensiamo piuttosto» gli disse «a coloro che si sono impadroniti della reggia. Perché tu lo sappia, infatti, un gruppo di giovinastri insolenti da tre anni a questa parte si è insediato nella tua casa, ha circuito la tua sposa e ha tramato agguati contro tuo figlio Telemaco. Si fanno chiamare "Proci" e sono in parecchi, ragione per cui non ti converrà affrontarli tutti insieme in campo aperto.»

«E mia moglie?» chiese trepidante Ulisse. «Per quanto amara possa essere la verità, o Dea, non nascondermi nulla.»

«Molti doni le offrirono i Proci perché lei, scegliendone uno, legittimasse un nuovo re. Ma lei, la fedele, tutti li respinse, o, per meglio dire, con tutti prese tempo. Disse che si sarebbe decisa solo dopo aver terminato una preziosa tela da regalare al vecchio Laerte. E sono ormai tre anni che sta tessendo questo straordinario ricamo, per poi disfare durante la notte tutto quello che di giorno ha tessuto.»

Ulisse fu molto contento di queste notizie. Il trucco escogitato da Penelope era molto astuto, anche se non avrebbe potuto reggere all'infinito, e meno male che era giunto lui a toglierla dall'impiccio. Scoprirsi subito, comunque, non sarebbe stato prudente, anche se in quel momento aveva una tale rabbia in corpo da voler affrontare tutti i pretendenti in un unico scontro.

«Anche contro trecento uomini combatterei, o divina, se solo potessi averti accanto, e se ciò fosse davvero indispensabile, ma penso che sia più efficace in questo momento studiare un piano preciso che mi garantisca la vittoria.»

«E dici bene, o mio Ulisse» approvò la Dea dagli occhi azzurri, che tra tutte le doti umane preferiva l'intelligenza. «Sappi che non ti perderò mai d'occhio e che ti segnalerò il momento giusto per agire. Quel giorno il sangue dei Proci imbratterà in lungo e in largo i pavimenti e le pareti della reggia. Prima, però, sarò costretta a mutare le tue sembianze. Coprirò la tua pelle di rughe in modo da renderla avvizzita come quella di un vecchio di ottant'anni. Poi ti priverò dei tuoi biondi capelli e ti farò indossare un abito così lurido e cencioso che susciterai ripugnanza in chiunque vi getterà sopra uno sguardo, e infine offuscherò i tuoi bellissimi occhi in modo che né la tua sposa né il tuo dolcissimo figlio ti potranno mai riconoscere. Per prima cosa, però, tu dovrai metterti in contatto con Eumeo, il guardiano dei porci. Di lui puoi fidarti: ti è sempre rimasto fedele. Ciò nonostante non è giunto ancora il momento di dirgli chi sei. Lo troverai presso la fonte Aretusa, lì dove si erge la roccia del Corvo. Io, invece, mi recherò a Sparta, a chiamare tuo figlio che da un po' di tempo gira il mondo per avere tue notizie.»

«E non potevi informarlo tu stessa, dal momento che sapevi quando sarei tornato? Vuoi forse che vada anche lui in giro per i mari, com'è capitato a suo padre?»

«Se l'ho incoraggiato ad andare da Nestore e da Menelao è stato per dargli modo di farsi conoscere. In questo momento si trova nella ricca reggia di Atreo. Tra l'altro i Proci ne attendono il ritorno per tendergli un agguato mortale. Ma è anche vero che io non permetterò mai che riescano nel loro turpe intento.»

Così dicendo lo toccò con la bacchetta magica e tutto il corpo dell'eroe si coprì immediatamente di rughe. La pelle gli divenne avvizzita come quella dei vecchi. Gli occhi gli si fecero opachi e cisposi, e anche i vestiti si modificarono come per incanto: la Dea lo rivestì da capo a piedi di miseri cenci per poi gettargli sulle spalle una pelle logora e consumata di una vecchia cerva. Come ultimo tocco gli mise in mano un bastone nodoso e una misera bisaccia tutta piena di buchi e di strappi. Insomma, detto con una sola parola: faceva schifo.

Canto XIV

Cani e porci

Laddove si narra di come Ulisse, travestito da mendico, incontri Eumeo, il guardiano dei porci e di come non sveli la propria identità, limitandosi a raccontare storie del tutto inventate o vagamente somiglianti alle sue reali disavventure.

Ulisse s'inerpicò per un sentiero tra i boschi e andò a far visita a Eumeo, il guardiano dei porci, così come gli era stato consigliato da Atena. Lo trovò che stava seduto a pensare, fuori dal recinto delle bestie. Aveva un'aria triste e preoccupata.

Eumeo, in effetti, tutto era tranne che un povero guardiano di maiali. Il suo porcile, infatti, rappresentava quanto di più «industriale» potesse esistere a quei tempi: custodiva la bellezza di mille capi (seicento femmine e trecentosessanta maschi), equamente suddivisi in dodici stalle, ciascuna grande come un hangar. Alle sue dipendenze lavoravano quattro aiutanti e quattro mastini, tutti feroci come belve (sia gli aiutanti che i mastini) e furono proprio questi ultimi ad accogliere Ulisse nel peggiore dei modi. Buon per lui che Eumeo arrivasse in tempo a salvargli la pelle.

«O vecchio,» gli disse il guardiano «per poco i miei cani non ti sbranavano. Solo questo ci mancava per aumentare ancora di più i miei scrupoli! Già gli Dei m'inflissero l'ingrato compito di dover consegnare ogni mattina il più grasso dei miei maiali a uomini che nemmeno conosco, mentre con ogni probabilità, nel medesimo istante, il mio divino padrone si sta morendo di fame. Ma ora bando alle chiacchiere: entra e saziati di cibo. Poi, sempre che riesci a farcela, mi dirai chi sei, chi fu tuo padre e quali pene hai sofferto per ridurti in questo stato.»

Ovviamente Ulisse apprezzò molto l'accoglienza di Eumeo e glielo disse apertamente.

«O mio nobile amico, malgrado non mi conoscessi, mi hai ricevuto nel tuo capanno come se fossi un fratello. Che Zeus e gli Dei Immortali ti concedano tutto ciò che desideri.»

«Era mio dovere,» rispose Eumeo «e l'avrei fatto anche se ti fossi presentato in condizioni peggiori. Stranieri e mendicanti è sempre Zeus che li manda. D'altra parte anch'io sono un servo e come tutti i servi, tremo al pensiero di dover un giorno finire sotto padroni troppo giovani. Sarà per questo che mi piacciono più i vecchi dei ragazzi. Purtroppo sei capitato a Itaca in un momento difficile: il mio padrone è assente e, quel che è peggio, non so nemmeno dove sia. Gli Dei, finora, ne hanno impedito il ritorno. Se lui fosse qui, io, oggi, avrei avuto una casa più accogliente di questa, un pezzo di terra dove seminare il grano e una donna di rara bellezza con cui coricarmi ogni notte. Sarei stato, insomma, più ricco e, a mia volta, avrei potuto essere più generoso con te che vieni da lontano.»

Detto questo, Eumeo prese due porcellini da latte, li scannò con il coltello e li pose sul fuoco. Poi, una volta ridotti a piccoli pezzi, ne fece altrettanti spiedini che offrì ancora fumanti a Ulisse.

«Saziati, o straniero,» gli disse sorridendo «e non avere scrupoli. Pensa che i pretendenti da tre anni a questa parte divorano senza il minimo scrupolo i beni del mio padrone, mostrandosi, alla resa dei conti, ancora più insaziabili dei pirati. Questi, almeno, dopo aver razziato, risalgono sulle navi e tornano ai paesi da dove sono venuti. I Proci, invece, non hanno il senso della misura: tutti i giorni e tutte le notti che Zeus manda sulla terra si riempiono di cibo, prosciugano intere botti di vino e si sollazzano con le ancelle più giovani.»

Sentendo queste parole l'eroe avrebbe voluto correre immediatamente alla reggia e fare sfracelli, ma non sarebbe stato lui se avesse ceduto al primo impulso. Preferì, quindi, continuare a mangiare in silenzio come se nulla fosse, pur meditando nella mente terribili vendette. Si finse all'oscuro delle vicende di Itaca e chiese quale fosse la situazione della reggia.

«Raccontami, brav'uomo, se ne hai voglia, chi era il tuo padrone?» chiese a Eumeo. «È forse stato uno di quegli Achei che persero la vita per difendere l'onore del figlio di Atreo? E qual era il suo nome? E di chi era figlio? Chissà che io, nel mio lungo peregrinare sui mari, non l'abbia incontrato in qualche lontano paese.»

E così gli rispose il guardiano dei porci:

«È del tutto inutile, o vecchio, che io ora ti faccia il suo nome. Molti vagabondi, finora, hanno dichiarato di averlo visto, e qualcuno anche di avergli parlato. Ogni volta, però, si è poi scoperto che mentivano spudoratamente. Lo facevano solo per consolare la moglie e per avere in cambio del cibo o dei vestiti. Mentiresti, quindi, anche tu come tutti gli altri, magari solo per ottenere un mantello o una tunica migliore di quella che hai indosso. Preferisco, pertanto, ignorare la sorte del mio padrone. E, perché lo si sappia, non vorrei nemmeno pronunziarne il nome, se non altro per non soffrire più del dovuto.»

«Mi spiace che tu non mi creda. Io, invece, posso assicurarti che molto presto lo rivedrai. E non te lo dico per ottenere chissà quale ricompensa, ma solo perché lo sento nel profondo dell'animo. Vuol dire che se per questo che ti sto dicendo meritassi un premio, me lo darai solo dopo averlo visto.»

«Smettila, o vecchio, e parliamo d'altro. Parlare del mio padrone mi procura troppa sofferenza. Pensiamo piuttosto al figlio, al divino Telemaco. Gli Dei lo fecero sbocciare come un germoglio, e io, quando nacque, ero convinto che avrebbe avuto una vita tranquilla e felice. Oggi, invece, i pretendenti gli stanno preparando un agguato mortale, e questo perché con lui si estingua anche la razza. A pensarci bene, però, nemmeno di Telemaco voglio parlare: che Zeus lo aiuti come meglio gli aggrada, io non posso farci niente. Parliamo, invece, di te: chi sei? Chi era tuo padre? Da dove vieni e come sei giunto a Itaca? Non di certo a piedi.»

Ulisse lì per lì non rispose. Poi, lentamente, e a voce bassa, iniziò il suo racconto.

«Anche se restassi qui, tuo ospite, per un anno intero, non riuscirei a raccontarti tutto quello che gli Dei mi hanno fatto patire. Sono nato a Creta e sono figlio di un uomo molto ricco. Mia madre era una delle sue numerose concubine. Quando morì mio padre, i suoi beni furono divisi tra i tantissimi figli e io ne ebbi davvero pochi, anzi nessuno, dal momento che mi fu data solo la casa dove abitavo. Purtroppo i miei fratellastri, approfittando del fatto che ero ancora molto giovane, non mi lasciarono nulla. Che altro avrei potuto fare se non cercare un po' di fortuna fuori dal mio paese? E fu così che mi misi a navigare sui mari. Adesso tu non badare al mio aspetto. A vent'anni ero robusto e coraggioso: Ares e Atena, infatti, mi dotarono di audacia e di animo guerriero. Mai una volta che mi tirassi indietro quando si trattava di andare all'assalto: ero sempre il primo a balzare in avanti e l'ultimo a indietreggiare. Non amavo, invece, il lavoro dei campi e la vita familiare. Fu così che mi misi in cerca di avventure. Per ben nove volte sbarcai su terre straniere, conquistando ogni volta un ingente bottino. In breve tempo divenni il terrore dei paesi vicini. Avrei potuto accumulare chissà quali ricchezze, se un brutto giorno non fossi stato costretto, insieme a Idomeneo, a recarmi a Troia per difendere l'onore di Menelao. Non l'avessi mai fatto! Dopo nove anni di guerra fui colpito da una maledizione di Zeus che ancora mi perseguita: tra tempeste e uragani finii sulle coste egiziane. E qui, una volta approdato alle foci del grande fiume, mi raccomandai ai compagni perché non scendessero a terra, nemmeno per approvvigionarsi. Ma loro, mossi da insane passioni, vollero a tutti i costi sbarcare: rapinarono a più non posso, violentarono donne e uccisero uomini. La mattina dopo, quando ci svegliammo, scoprimmo che la nave era stata circondata da migliaia di uomini armati: erano i popoli vicini venuti a vendicarsi. Metà dei miei uomini fu trafitta dal bronzo egizio e l'altra metà venne fatta prigioniera per poi essere venduta sui mercati degli schiavi. Io, allora, mi gettai ai piedi del loro re e gli abbracciai le ginocchia piangendo. Egli ebbe pietà di me e mi fece sedere accanto a lui sul carro. Restai a lungo in Egitto finché non conobbi un fenicio che mi persuase a partire per un paese lontano, dove, a suo dire, avrei potuto guadagnare ingenti ricchezze. Purtroppo il fenicio era un losco furfante e il suo unico obiettivo era quello di vendermi come schiavo. Fortunatamente, però, la nave sulla quale ero stato rinchiuso venne colpita da un fulmine e io, nel caos che ne seguì, riuscii a fuggire. Per nove giorni e nove notti restai aggrappato a un pezzo di legno in balia dei marosi, finché non mi ritrovai sulle rive di una terra a me sconosciuta. Qui incontrai un giovane di rara bellezza: era il figlio del re dei Tesproti. Il ragazzo si commosse nel vedermi così malridotto e mi portò alla reggia di suo padre, il glorioso Fidone. Fu lì che ebbi le prime notizie su Ulisse.»

L'eroe s'interruppe per qualche secondo, un po' perché aveva voglia di bere e un po' per verificare le reazioni di Eumeo. Quindi riprese a parlare.

«Mi confidò Fidone, il re dei Tesproti, di aver ospitato Ulisse per lungo tempo. Mi mostrò parte delle ricchezze che aveva portato da Troia e mi disse che quel giorno il figlio di Laerte era andato a Dodona per farsi consigliare dall'oracolo su come presentarsi a Itaca: se con le vesti regali che gli spettavano di diritto, o in incognito sotto i cenci di un povero mendicante. Io stesso lo avrei atteso volentieri se alcuni mercanti non si fossero offerti di riaccompagnarmi in patria. Anche questi ultimi, però, ben presto si rivelarono dei furfanti: appena salito a bordo, si presero il mantello e la ricca tunica regalatami da Fidone, e mi rinchiusero sotto coperta, per poi vendermi come schiavo. Ancora una volta, però, riuscii a farla franca: una mattina, all'alba, come vidi la sagoma di un'isola profilarsi all'orizzonte, mi liberai dai lacci e mi tuffai in acqua.»

Come si vede, è enorme la differenza fra i due personaggi di questo canto. Il primo è un brav'uomo, semplice, di animo buono, praticamente inoffensivo. È stato acquistato dal vecchio Laerte quand'era ancora un ragazzo, e col tempo si è fatto ben volere da tutti. Ovviamente il suo mondo è quello che è: è un mondo fatto di cani, di porci e di servi. Di tanto in tanto si reca alla reggia per portare qualche bestia ai pretendenti o per ricevere ordini dalla regina Penelope. È così attaccato alla memoria del suo padrone da essere perfino geloso del dolore che prova per la sua scomparsa.

L'altro, invece, è il solito furbacchione di sempre. Malgrado l'emozione provata nel rivedere il suo vecchio e fedele servitore, non cede alla tentazione di abbracciarlo. Lui è andato a trovarlo solo per avere notizie sulla reggia. S'inventa quindi una storia qualsiasi, alternando bugie e verità. Nel suo racconto i Feaci sono i Tesproti, Alcinoo si chiama Fidone, e Nausicaa, pover'anima, ha cambiato sesso ed è diventata il figlio di Fidone. Restano, invece, immutati i nove giorni e le nove notti trascorsi in mare, sempre aggrappato a un pezzo di legno, e le razzie compiute dai compagni durante lo sbarco in Sicilia. Come a dire che, se da una parte sente la necessità, più che naturale, di elencare i suoi guai, dall'altra non resiste alla tentazione tutta «ulissica» (mi si passi il termine) di raccontare balle.

«O straniero infelice,» lo confortò Eumeo «molto mi hai commosso con il tuo racconto, tuttavia non riuscirai a convincermi che Ulisse sia ancora vivo e in giro per il mondo. Quali vantaggi, mi chiedo, pensi di ottenere narrandomi tutte queste bugie? Io, il mio padrone, lo conosco: fosse vivo, sarebbe qui e avrebbe già ricacciato in mare tutti quei maledetti che gli hanno occupato la reggia. La verità è che gli Dei lo hanno avversato, forse perché troppo invidiosi del suo genio. Non lo fecero morire sotto le mura di Troia, solo per evitare che gli Achei gli elevassero un tumulo a memoria futura. Preferirono, invece, farlo scomparire di nascosto, in una notte buia e in un angolo sperduto dell'universo. Ormai non spero più di rivederlo: me ne sto tranquillo quassù, tra i miei maiali e non scendo in città proprio per evitare che qualcuno mi parli di lui. Da quando un uomo dell'Etolia m'ingannò dicendomi di averlo visto a Creta, non ho più voluto avere sue notizie. Quell'uomo disse che il mio padrone sarebbe tornato in estate, o al massimo in autunno, portando con sé ingenti ricchezze, e tutto questo solo per essere ospitato e rifocillato con un pasto caldo. Se io ti ho accolto in casa mia come un fratello, non è stato perché tu mi parlassi di Ulisse, ma solo per timore del grande Zeus, protettore degli ospiti e dei mendicanti.»

«Se pure giurando non sono riuscito a convincerti, vuol dire proprio che non vuoi credere» ribatté Ulisse, sorridendo. «Ma ora ti propongo un patto: se il tuo padrone tornerà, così come io ti ho predetto, tu mi regalerai una tunica di seta e un mantello per il prossimo inverno, se invece, trascorso un anno, non si sarà fatto vivo, ordina pure ai tuoi servi di scaraventarmi giù da un'altissima rupe e che questo serva di monito a tutti coloro che si inventano storie.»

Stavano ancora parlando quando giunsero gli aiutanti. Erano quattro giovanotti di bell'aspetto, ed erano stati tutti acquistati da Eumeo con i soldi ricavati dalla vendita dei maiali.

«Prendete il più grasso dei porci» disse loro il vecchio guardiano «e abbrustolitelo sul fuoco in onore del mio ospite. Era ora che godessimo anche noi dei frutti del nostro lavoro, se non altro perché sono anni che sudiamo intorno a queste bestie. Vederle poi finire nelle pance di chi non se le merita non può certo riempirci di gioia.»

Gli aiutanti guardiani non se lo fecero dire due volte: organizzarono subito un festino. Il porco fu diviso in sette pezzi: uno da bruciare in onore di Hermes, figlio di Maia, e sei da mangiare all'istante. La schiena, il pezzo più pregiato, fu offerta a Ulisse.

«Che tu sia sempre caro agli Dei!» esclamò l'eroe sollevando la coppa di vino brioso. «Malgrado il misero aspetto, mi hai riservato la parte migliore.»

«E non chiederti perché l'ho fatto» ribatté Eumeo. «Così decisero gli Dei. D'altronde, questa è la vita: il Dio dà e il Dio toglie, ed è sempre lui a decidere a chi dare e a chi togliere.»

Dopo questa riflessione teologica di Eumeo, Mesaulio, uno degli aiutanti, distribuì il pane ai commensali e tutti cominciarono a mangiare. Durante il pranzo, però, Ulisse mise di nuovo alla prova il guardiano.

«Con il tuo permesso, o Eumeo, voglio raccontarti una storia. È il vino che mi spinge a parlare, quello stesso vino che fa cantare l'uomo più saggio e che, a volte, gli fa dire anche delle stupidaggini.»

A quelle parole gli aiutanti si disposero tutti a semicerchio per meglio ascoltare.

«Un giorno, a Troia, avevamo preparato un agguato a

un gruppo di Troiani. A comandare il drappello erano in due: Ulisse e Menelao. La notte, però, ben presto divenne gelida, ma così gelida, che stavamo tutti per morire di freddo, e io più degli altri dal momento che avevo anche dimenticato il mantello sulla nave. Chiesi allora a Ulisse di procurarmene uno. Lui lì per lì non mi rispose, poi mi bisbigliò in un orecchio: "Se lo chiedi non te lo daranno, se invece li convinci che per loro sarebbe meglio non avere un mantello, può essere che te ne diano uno". Dopodiché ordinò a uno dei soldati di correre alle navi per chiedere dei rinforzi. Gli disse: "Corri, ragazzo, più veloce che puoi, e getta via quel mantello se non vuoi che t'intralci durante la corsa".»

«Bella la storia che hai raccontato, o vecchio,» commentò Eumeo. «Debbo ammettere che dipinge bene il mio padrone. Ora, però, andiamo a dormire: voi nel capanno, e io, al caldo, tra i miei maiali. Domani, con l'aiuto degli Dei, potrai partire e andare là dove ti porta il cuore.»

Quest'ultima frase di commiato non è stata presa dal famoso libro della Tamaro, ma compare per ben sei volte nell'*Odissea*.[1] Ogni qualvolta, infatti, due personaggi omerici si salutano, c'è sempre uno dei due che dice all'altro: «πέμψει δ' ὅππη σε κραδίη θυμός τε κελεύει», ovvero «va' dove ti porta il cuore». Controllare per credere.

[1] Per l'esattezza nei canti VIII 204, XIV 517, XV 339, XVI 81, e due volte nel XXI canto, ai versi 198 e 342.

Canto XV
Il ritorno di Telemaco

Laddove si narra di come Atena metta in guardia Telemaco da un possibile agguato dei Proci e di come, nel contempo, Ulisse comunichi a Eumeo la sua intenzione di andare a visitare la reggia. Il canto si chiude con l'arrivo del giovane principe a Itaca.

È un po' di tempo che non incontriamo Atena. Niente paura: è andata a dare una mano a Telemaco per evitare che cadesse nella trappola dei Proci. La ritroviamo, infatti, nell'atrio della reggia di Menelao che sta dando alcuni consigli al ragazzo su come affrontare il viaggio di ritorno. Omero, questa volta, non ci dice sotto quali spoglie si è presentata. Non di certo sotto quelle di un pastorello, dal momento che assume un ruolo di consigliere e finisce per intromettersi nelle faccende private del giovane principe.

«Ascolta, o Telemaco,» gli sussurrò in un orecchio «i più malvagi dei Proci ti hanno teso un agguato mortale nei pressi della rocciosa Same. Vorrebbero che la tua nave colasse a picco e tu con essa. Tu, però, mi raccomando: mantieniti alla larga da qualsiasi isola, e quando arrivi a Itaca fatti sbarcare nella baia di Forco, lì dove abita il tuo guardiano dei porci Eumeo. Poi, per meglio trarre in inganno i pretendenti, fa' proseguire la nave fino al porto.»

Telemaco ascoltò con grande attenzione e, in verità, anche alquanto spaventato. Accanto a lui c'era Pisistrato che, con il capo reclinato sulla sua spalla, dormiva pesantemente. Era stata Atena a immergerlo in un sonno profondo affinché non sentisse i loro discorsi.

«Non è ragionevole» proseguì la Dea della Ragione «che tu trascuri i tuoi beni. A Itaca il popolo si è rassegnato alla scomparsa di Ulisse. Tuo nonno e i tuoi zii suggeriscono ogni giorno a Penelope di scegliersi come sposo Eurimaco, il più potente dei Proci, colui che più di tutti l'ha coperta di doni. Ora tu sai come sono fatte le donne: a volte basta un gioiellino in più per far loro dimenticare il marito morto e i figli di primo letto. Nel frattempo i Proci ti stanno saccheggiando tutte le provviste. Va' ordunque dal glorioso Menelao e chiedigli di lasciarti partire al più presto.»

Telemaco impallidì: Eurimaco era un arrogante che lo aveva sempre trattato da moccioso. Forse era il peggiore dei Proci. Averlo come patrigno sarebbe stato per lui una vera sciagura. Vorrebbe altri ragguagli su come stavano le cose a Itaca, ma la Dea dagli occhi lucenti gli sparì all'improvviso. Altro non poté fare che chiedere aiuto al figlio di Nestore.

«Dèstati di grazia, o Pisistrato, ché qui la situazione precipita! Aggioga al carro i cavalli dai solidi zoccoli e, più veloci del vento, corriamo alla nave!»

Ma il giovanotto lo frenò.

«Anche volendo, amico mio, non possiamo lanciare i cavalli nel buio della notte. Presto, invece, giungerà l'alba e allora sì che potremo correre al galoppo verso il mare. Ci converrà, comunque, attendere l'arrivo del glorioso Menelao: lui, di certo, ci vorrà riempire il carro di doni.»

E difatti, non appena l'Aurora dalle dita rosa sbucò fuori dai monti di Sparta, ecco sopraggiungere Menelao dalla voce possente. Aveva da poco lasciato la bellissima Elena, ed era ancora caldo di baci e di carezze.

Telemaco gli corse incontro.

«O signore dei popoli, o divino Menelao,» lo supplicò abbracciandogli le ginocchia «fa' che io torni nella terra dove ebbi i natali, e soprattutto dammi modo di strappare mia madre dalle grinfie dei Proci.»

«Se davvero lo desideri, o Telemaco, non sarò certo io a trattenerti» rispose il figlio di Atreo. «Non vorrei, però, che il troppo ardore ti cagionasse qualche sventura. Sbaglia chi esagera nel temporeggiare, ma sbaglia anche chi, spinto dalla passione, si getta a occhi chiusi nel cimento. Come sempre è la misura la scelta migliore. Aspetta quindi che io ti riempia il carro di doni. Desidero molto che tu li veda. E mentre i servi ti organizzano il viaggio, lascia che io dica alle donne di preparare un banchetto con quanto di meglio oggi può offrire Sparta. Per un uomo è segno di rispetto lasciare un luogo dopo avervi consumato un pasto adeguato.»

Quest'ultima frase la dice lunga su com'era considerato il cibo a quei tempi. Evidentemente gli ascoltatori di Omero dovevano trovare gratificante, se non addirittura «nutriente», la descrizione di un bel pranzo, portata per portata, e con annesse bevute di vino. Certo è che nell'*Odissea* sorge con regolarità il pretesto per fare un banchetto degno di questo nome, o, quanto meno, per un bel brindisi augurale. E il glorioso Menelao non faceva certo eccezione alla regola.

Malgrado l'invito, però, il figlio di Ulisse insisté molto per partire, e Menelao cercò di venirgli incontro.

«Vuol dire,» precisò «che faremo un pasto veloce. Dopodiché ti accompagnerò io stesso alla riva dove dovrai imbarcarti, e così potrai anche constatare come al nostro passaggio ognuno vorrà donarti qualcosa.»

Tra i tanti che si dettero da fare per organizzare il viaggio di Telemaco, arrivò anche lei, Elena, la bella tra le belle. La seguiva a breve distanza un giovanottone alto come un armadio e con un fisico da lottatore. Era un figlio che Menelao aveva avuto da una schiava di colore: si chiamava Megapente ed era, grosso modo, coetaneo di Telemaco.

Una volta a tavola, il padrone di casa prese un calice d'oro a due anse e lo regalò al figlio di Ulisse. Per non essere da meno, anche Megapente donò al giovane principe una coppa d'argento, subito imitato da Elena che gli porse un peplo finemente lavorato.

Telemaco e Pisistrato erano pronti a partire, quando un'aquila attraversò il cielo, velocissima: aveva tra gli artigli una povera oca domestica che starnazzava disperata. Doveva averla appena ghermita in un cortile del quartiere, e ora se la portava nel suo nido tra i monti. Un gruppo di contadini la rincorreva urlando.

«O divino Menelao,» chiese Pisistrato al re «è per te o è per noi che il Dio ha voluto inviare questo messaggio?»

«Io penso» s'intromise Elena «che se un'aquila scende dai monti per rapire un'oca, vuol dire che anche Ulisse piomberà su Itaca e si vendicherà di chi lo ha tanto a lungo offeso. E chissà che a quest'ora non sia già tornato.»

Telemaco non poté fare a meno di ringraziarla per il buon auspicio.

«O mia regina,» esclamò «volesse Zeus, il signore del tuono, che ciò accadesse davvero. Io, comunque, anche se la tua profezia si avverasse in minima parte, ti adorerò per tutta la vita così come si adorano le Dee!»

Ogni cosa, ormai, era stata predisposta per la partenza, quando a Telemaco si avvicinò uno straniero.

«O divino principe,» disse il nuovo venuto «il mio nome è Teoclimeno e vengo da Argo. Ho sentito dire che stai per tornare a Itaca. Ebbene, se vuoi farmi felice, portami con te sulla tua nera nave. In caso contrario per me sarebbe finita. Senza volere, infatti, nel mio paese ho ucciso un uomo, e ora gli amici di costui, desiderando la vendetta, mi stanno inseguendo per mare e per terra.»

«Non ti respingo, o straniero,» rispose Telemaco «sali pure sul carro. E se è vero che sei senza colpa, ti accoglieremo al meglio delle nostre possibilità.»

Avevamo lasciato Ulisse nel capanno di Eumeo. Anche lì si era consumato un banchetto, ovviamente molto più modesto di quello offerto da Menelao.

«Ascoltami, Eumeo:» iniziò a dire Ulisse «domani, all'alba, vorrei scendere in città per mendicare. Non è giusto che io mangi e beva le tue provviste. Ti chiedo semmai una guida che mi accompagni fino alle prime case di Itaca. Poi me la caverò da solo. È mia intenzione entrare nella reggia per vedere se i Proci tracotanti mi offriranno qualcosa, magari una ciotola d'acqua o un pezzo di pane. Loro di cibo ne hanno tanto, e non dovrebbero lesinarlo a un povero mendicante. Io, poi, sempre che qualcuno me lo chieda, sono disposto a fare qualsiasi lavoro. Anche se a vedermi sembro vecchio e macilento, in compenso sono molto forte, e non c'è lavoro che non possa fare. Potrei, ad esempio, spaccare la legna secca, accatastarla accanto ai camini, tagliare la carne dei manzi, versare il vino dalle botti e fare tutto quello che di solito fanno i servi.»

Ma a Eumeo le buone intenzioni di Ulisse non piacquero affatto.

«Ma cosa ti salta in mente?» esclamò adirato. «Vuoi forse diventare anche tu un leccapiedi dei Proci? Sappi, comunque, che non ti accetterebbero. Da loro i servi hanno l'obbligo di somigliare ai padroni: debbono essere belli, giovani, riccamente vestiti e con i capelli annodati sulla nuca. E non basta: li pretendono anche ben nutriti, mentre tu sei il ritratto della fame. Credimi, o vecchio: ti caccerebbero via ancor prima che ti possa avvicinare. Resta con me invece. E quando tornerà il figlio di Ulisse, sarà lui stesso a regalarti una tunica nuova e un mantello di lana per l'inverno.»

«Che gli Dei ti proteggano, o Eumeo, per quello che mi dici. Ma dal momento che dobbiamo aspettare il giovane Telemaco, parlami un po' dei familiari, per esempio dei suoi nonni. Sono ancora vivi? O sono già scesi nelle dimore di Ade?»

«Vive ancora Laerte, ma prega di continuo il sommo Zeus perché metta fine ai suoi giorni. Piange il figlio disperso, e piange la sposa fedele, morta per il troppo dolore.»

Ulisse alla notizia della morte della madre non ha alcuna reazione. D'altra parte, ne era già a conoscenza, avendola incontrata durante la discesa agli Inferi. È piuttosto il buon Eumeo quello che si commuove.

«A me era molto cara la grande regina» sospirò. «Fu lei a crescermi quando venni venduto a Laerte, e ora, credimi, o vecchio, mi manca più lei che non la mia stessa madre.»

«O infelice,» lo consolò Ulisse «eri ordunque ancora un infante quando ti portarono a Itaca?»

Eumeo, per meglio assaporare i ricordi, socchiuse gli occhi. Poi, dopo qualche secondo di pausa, iniziò a raccontare.

«Dal momento che qui a Itaca le notti sono lunghe, ti racconterò la mia vita. E voi tutti, amici, mentre mangiate e bevete, seguitemi con attenzione. A volte anche il dolore, quando è passato molto tempo, può essere fonte di piacere.»

L'uditorio si fece più attento.

«C'è un'isola a nord di Ogigia chiamata Siria, ricca di pascoli, di viti e di grano. Lì vive un popolo felice: nessuno, infatti, in quell'isola soffre la fame e nessuno muore mai di malattia. In quel luogo, quando gli abitanti diventano troppo vecchi, Apollo e Artemide mettono nel loro arco una freccia e li uccidono senza farli soffrire. Mio padre Ctesio era il re di Siria, e io sarei vissuto ricco e potente se un brutto giorno non fossero arrivati dei mercanti fenici. Uno di loro scorse la mia balia mentre stava lavando dei panni e le chiese chi fosse. Lei rispose di essere una schiava venduta a mio padre quando aveva solo sei anni. Lo scaltro mercante, allora, le promise di riportarla in patria a patto però che lei lo ripagasse adeguatamente. Ebbene, perché si sappia, il prezzo di quel viaggio fui proprio io: Eumeo. L'infame donna mi portò via dalla reggia con una scusa e mi fece salire sulla nave dei mercanti. Per sei giorni e sei notti navigammo col favore dei venti finché il settimo giorno Artemide colpì con una freccia la schiava traditrice facendola precipitare in mare. Subito dopo approdammo a Itaca, allietata dal sole, e qui fui venduto al saggio Laerte.»

«Mio caro Eumeo,» fu il commento di Ulisse, «hai commosso il mio cuore con questa triste storia. Devi ammettere, però, che Zeus con una mano ti elargì il male e con l'altra ti concesse il bene. E già perché, se è vero che ti fece soffrire, strappandoti ai tuoi genitori, è anche vero che ti fece finire nella casa di un uomo dabbene, e che da quel momento hai vissuto una vita serena.»

Proprio in quel momento Telemaco giunse in vista di Itaca. Era riuscito a evitare l'agguato dei Proci e ora stava per sbarcare sulla stessa spiaggia dove il giorno prima era sceso suo padre.

«O miei cari compagni,» disse ai marinai «lasciatemi qui. Voi proseguite verso il porto e non dite a nessuno il punto esatto dove mi avete sbarcato. Io questa sera resterò a dormire nel capanno di Eumeo, il guardiano dei porci. Domani con l'aiuto di Zeus tornerò da mia madre. Come compenso del viaggio che abbiamo appena terminato, vi offrirò un lauto banchetto, con tanti cibi prelibati e altrettanti vini squisiti.»

«E io dove andrò?» chiese Teoclimeno.

«In un'altra circostanza» rispose Telemaco «ti avrei ospitato a casa mia. Oggi però, con la reggia piena d'intrusi, avrei qualche problema.» Quindi, rivolgendosi a uno dei suoi, aggiunse: «O Pireo, figlio di Clitio, tu che mi hai sempre ubbidito, porta quest'uomo a casa tua e abbi cura di lui».

Ciò detto, si allacciò i bei sandali, prese una lunga lancia dalla punta di bronzo e s'incamminò a passo spedito verso il recinto dei mille maiali.

Canto XVI

Padre e figlio

Laddove si narra di come Telemaco giunga nel capanno di Eumeo e di come invii costui da Penelope per informarla del suo arrivo. Si narra altresì dell'incontro tra Ulisse e Telemaco e di come il padre si riveli al figlio nelle sue vere sembianze.

Telemaco si avvicinò al capanno di Eumeo e i cani gli andarono incontro scodinzolando.

«Sta arrivando qualcuno,» disse Ulisse al guardiano «ma se i cani non abbaiano vuol dire che è un amico.»

Non fece in tempo, però, a completare la frase che la figura di Telemaco era già apparsa in controluce sulla soglia del capanno. Eumeo, per lo stupore, si fece cadere di mano le coppe di vino, e anche Ulisse restò a bocca aperta nel vedere il giovane principe. In realtà, lui non lo aveva mai visto prima: poteva solo intuire da certe esclamazioni del guardiano che si trattava di suo figlio Telemaco.

Eumeo si gettò ai piedi del ragazzo, poi gli baciò le mani, la fronte e gli occhi. Come un padre che non vede un figlio da moltissimi anni, rideva e piangeva contemporaneamente. Avrebbe voluto fargli chissà quante domande, ma a stento riuscì a balbettare un «luce degli occhi miei».

E anche Telemaco lo abbracciò commosso, chiamandolo «padre».

«Entra, figlio mio carissimo, entra. È da quando sei partito che non ti vedo. E anche prima, non è che ti facessi vedere molto da queste parti. Un giorno pensai addirittura che ti era più cara la funesta compagnia dei Proci che non quella di un vecchio e fedele servitore.»

«Non lo dire nemmeno per scherzo, padre!» rispose Telemaco, facendo l'offeso. «Se solo potessi, li ucciderei tutti quei maledetti, dal primo all'ultimo. Parlami piuttosto di mia madre. Attende ancora il suo sposo, o ha già deciso di dividere il talamo con qualcuno dei pretendenti?»

Ma Eumeo, almeno per quanto riguardava il talamo, lo volle subito tranquillizzare.

«Attende sempre, consumando i giorni e le notti in un mare di lacrime.»

Ulisse, nel frattempo, aveva il cuore in subbuglio: era la prima volta che vedeva suo figlio. Per quanto glielo avessero descritto non pensava che fosse così bello. Ovviamente avrebbe voluto abbracciarlo. Come al solito, però, mise a freno gli impulsi. Era un bene per tutti che il suo arrivo a Itaca restasse un segreto. Dopo qualche minuto, però, non ce la fece più a restare in silenzio e, per quanto a bassa voce, volle dire la sua:

«Troppo mi angustiano i soprusi che tu e tua madre dovete subire. Fossi giovane, e, in particolare, fossi, come te, figlio del divino Ulisse, preferirei morire piuttosto che rassegnarmi a un simile spettacolo: ospiti trattati senza riguardo, spreco di cibo, fiumi di vino tracannati, e ancelle trascinate sui letti davanti a tutti! E allora mi chiedo: di chi è la colpa? Del popolo che non ti sostiene abbastanza, o dei fratelli che non si schierano al tuo fianco?»

«In verità, o straniero,» rispose Telemaco «io non ho fratelli. La mia è una stirpe di figli unici. Archesio generò Laerte e nessun altro. Laerte a sua volta generò Ulisse, e Ulisse ebbe me solo come figlio. Il popolo attende che qualcuno prenda il potere e si metta a comandare. Nel frattempo i signorotti di Dulichio, di Same e di Zacinto coperta di boschi, si fanno avanti con ricchi doni. Mia madre, però, resta indecisa: non accetta e non rifiuta.»

«Probabilmente» azzardò Eumeo «è più saggia di quanto noi si possa pensare: non accettando resta fedele al suo sposo, e non rifiutando lascia i pretendenti sempre in attesa.»

«Forse è come dici, padre» acconsentì Telemaco. «Ma tu, piuttosto, non mi hai ancora presentato il tuo ospite. È arrivato dal mare? E chi l'ha portato fin qui? Non credo che sia giunto a piedi.»

«Tutto ti dirò, figlio mio carissimo» rispose Eumeo. «Il suo nome, in verità, non me lo ha ancora rivelato: dice però di essere cretese e di aver vagato per mari e per terre lontane. Fuggito, infine, da una nave tesprota è giunto fin qui a nuoto, e io, ora, te lo affido perché tu lo possa portare a Itaca.»

«E dove vuoi che lo porti?» chiese avvilito Telemaco. «Giù alla reggia i pretendenti lo prenderebbero subito di mira, e il poverino finirebbe col diventare il loro zimbello. Io posso solo rivestirlo da capo a piedi con abiti più decenti, regalargli una tunica, un mantello, dei sandali e una spada a doppio taglio. Poi, però, sarei costretto a salutarlo e ad augurargli di andare dove lo porta il cuore. Ma ora, padre, badiamo al da farsi: va' da mia madre e dille che sono tornato. Che nessun altro, però, sappia del mio ritorno. Troppi stanno tramando contro la mia persona.»

«E a tuo nonno Laerte cosa vuoi che dica? Che sei tornato? Il vecchio è sempre più triste. Già prima soffriva per il mancato ritorno di Ulisse, ma da quando sei partito anche tu ha cominciato a rifiutare il cibo. Piange e si lamenta di continuo.»

«È doloroso, lo so, ma dobbiamo lasciarlo ancora per qualche giorno all'oscuro» rispose Telemaco, che in quanto a prudenza aveva preso tutto da suo padre. «Tu, comunque, va' alla reggia e parla con la divina Penelope.»

Eumeo si allacciò i sandali e partì di corsa per il sentiero. Al che Atena, accorgendosi che l'eroe e Telemaco erano rimasti soli, si affacciò nel capanno e, senza farsi vedere dal giovane, strizzò l'occhio[1] a Ulisse perché questi uscisse fuori. L'eroe la riconobbe e ubbidì.

«O figlio di Laerte,» gli disse Atena «o uomo dal multiforme ingegno, non celarti oltre: parla a tuo figlio Telemaco, digli chi sei, e insieme concertate un piano per sterminare i Proci. Io stessa vi aiuterò.»

Dopodiché lo toccò con la bacchetta d'oro e lo tramutò in un bell'uomo dalla pelle liscia e con una leggera barbetta sul mento. I suoi vestiti, in particolare, li rese così luminosi che splendevano anche al buio. Quando Telemaco lo vide rientrare così mutato, non credette ai suoi occhi.

«Diverso mi sembri, o straniero: altre vesti indossi e nemmeno il colore del tuo volto è più lo stesso. Di certo sei un Dio, uno dei tanti che il vasto cielo possiede.»

«No, non sono un Dio: sono solo tuo padre, colui per il quale hai tanto sofferto. Io sono Ulisse!» E così dicendo gli tese le braccia.

Finalmente avrebbe potuto stringerlo al petto. Fino a un attimo prima, infatti, era stato costretto a far finta di nulla. Ora invece, grazie ad Atena, poteva manifestare tutta la sua gioia. Ma Telemaco non gli credette: non a caso era suo figlio.

«No, straniero,» gli disse, bloccandolo, «tu non sei Ulisse, tu non sei mio padre. Tu sei un Dio che non so per quale ragione adesso vuole illudermi. Forse per farmi soffrire ancora di più di quanto io già non soffra. Fino a pochi attimi fa sembravi un vecchio decrepito e vestivi miseri cenci. Ora sei diventato un uomo forte e bello, e mi appari simile a un Dio. Un mortale tutti questi prodigi non li sa fare.»

[1] In greco «fece l'occhiolino» si dice ἐπ᾽ ὀφρύσι νεῦσε, ovvero «far cenno di sì con le sopracciglia» (*Odissea*, XVI, 164).

«E difatti non sono stato io a compierli, bensì Atena, la Dea dagli occhi lucenti. Fu lei a mutarmi in un vecchio mendicante cencioso, e fu sempre lei, un attimo fa, a tramutarmi in un uomo bello e riccamente vestito.»

Dopo queste ultime parole, Telemaco si convinse. L'abbraccio ebbe finalmente luogo, e questa volta senza alcuna remora. I due uomini non si erano mai conosciuti, qualcosa, però, all'interno dei loro cuori si era mosso e aveva finito col prendere il sopravvento. A vederli tutti e due con le lacrime agli occhi, con il fiato sospeso, e con le mani aggrappate l'uno al corpo dell'altro, dovevano sembrare gli ospiti di uno di quei programmi televisivi, oggi tanto di moda, dove si fanno incontrare, a loro insaputa, due persone che si vogliono bene ma che non si vedono da moltissimi anni.

I due uomini restarono a lungo abbracciati e, a detta di Omero, «piangevano a dirotto come piangono le aquile quando qualcuno ruba loro gli aquilotti prima ancora che abbiano messo le ali». E avrebbero continuato a farlo, per chissà quanto tempo, se Ulisse non avesse ripreso il controllo della situazione.

«Adesso, figlio mio, basta con le lacrime! Pensiamo piuttosto a cosa dobbiamo fare per liberarci dei Proci. Dimmi i loro nomi, uno alla volta, affinché io sappia chi sono e soprattutto quanti sono. Dopodiché, una volta esaminata la situazione, decideremo come affrontarli, se da soli, tu e io, o insieme ad altri volontari.»

«Padre,» rispose Telemaco, asciugandosi le lacrime «ho sempre sentito parlare del tuo ingegno e del tuo coraggio, ma non credo che questa volta riusciresti ad affrontare da solo un numero così alto di nemici. Fossero dieci, o venti ancora ancora potrei sperarlo, magari cogliendoli di sorpresa, e separati. Ma essi, gli intrusi, sono più di cento: venti provengono da Zacinto coperta di boschi, ventiquattro da Same e addirittura cinquantadue da Dulichio con sei servitori al seguito, per non parlare degli Itacesi che sono dodici, tutti nobili, e che hanno dalla loro l'araldo Medonte, un cantore e due servi, l'uno più massiccio dell'altro. Affrontarli da soli, e tutti insieme, sarebbe una follia!»

«Ma noi non siamo soli: abbiamo dalla nostra parte Atena e lo stesso Zeus...»

«Non sarò certo io a sottovalutare la forza degli Dei. Ma come fai a essere così sicuro che al momento giusto ti appoggeranno?»

«Su questo non ho dubbi. Tu, però, nel frattempo, torna alla reggia e mescolati ai pretendenti protervi. Io mi farò vivo in un secondo momento. Mi guiderà il guardiano dei porci. Quando mi vedrai, avrò assunto di nuovo l'aspetto di un mendicante, misero e decrepito. Ma mi raccomando, figlio, non intervenire in mia difesa. Anche se i Proci mi dovessero recare oltraggio, anche se mi dovessero trascinare per un piede fuori dal *megaron*, guarda e fai finta di nulla, come se la cosa non ti riguardasse. Al massimo cerca di dissuaderli dall'esagerare, sempre, però, usando parole cortesi. Quando poi ti farò un cenno, prendi tutte le armi che vedi appese alle pareti e valle a riporre ai piani superiori. Se qualcuno ti chiederà il perché di questa rimozione, rispondi che le devi far ripulire dal fumo dei camini che le ha coperte di nera caligine. Lascia solo due spade, due lance e due scudi. E, soprattutto, non riferire a nessuno che sono tornato: né a Eumeo, né a Laerte, né a tua madre e né, tanto meno, ai servi. Più grande sarà la sorpresa e maggiori saranno le nostre possibilità di vittoria.»

Nel frattempo la nave che aveva portato Telemaco da Pilo arrivò a Itaca. I Proci, nel vederla entrare in porto, restarono sorpresi. Evidentemente qualcosa non era andata per il verso giusto. Innanzitutto si aspettavano che la nave fosse colata a picco a largo di Same, poi, nel vederla attraccare, e nel non vedere Telemaco scendere a terra, capirono che il giovane si era fatto sbarcare da qualche altra parte.

Eurimaco, il figlio di Polibo, fu il primo a commentare il fatto:

«Secondo me Telemaco ce l'ha fatta. E noi che pensavamo che non sarebbe mai riuscito a tornare da Pilo. Evidentemente qualcuno, tra i mortali o gli immortali, deve avergli dato una mano.»

Anche Antinoo, figlio di Eupite, non poté fare a meno di esclamare:

«Maledizione! Ma come avrà fatto a sfuggire alle nostre sentinelle? Che io sappia, le abbiamo tenute giorno e notte sulle cime battute dai venti, avvicendandole anche con turni regolari. Ora è necessario studiare un altro piano per farlo fuori, un piano, però, che stavolta funzioni davvero. Bisogna muoversi prima che lui raduni il popolo e ce lo scateni contro. Ne va della nostra stessa sopravvivenza. Uccidiamolo, dico io, ma non qui, dove tutti ci guardano, bensì in un posto dove nessuno ci vede.»

Non tutti, però, erano d'accordo con le proposte di Antinoo. Anfinomo, ad esempio, il figlio di Niso, espresse parere contrario.

«Io, in verità, eviterei di sopprimere Telemaco. Tra l'altro sono convinto che porti male uccidere il figlio di un re. E poi, cosa volete che possa fare quel povero ragazzo? Lui è solo e noi siamo cento! L'importante è convincere la regina a prendere una decisione: scelga uno di noi e tutto si aggiusterà.»

Proprio in quel momento apparve Penelope. Evidentemente aveva udito le ultime frasi, oppure qualcuno le aveva riferito le intenzioni di Antinoo. Certo è che attraversò il *megaron* e si diresse verso quest'ultimo. Come sempre, aveva il viso coperto da un fitto velo, ed era seguita da sei ancelle, tutte col viso velato.

«O Antinoo, implacabile tessitore di misfatti, come puoi desiderare la morte del figlio di colui che un giorno salvò la vita a tuo padre mentre stava per essere ucciso dai Trespoti? O ingrato Antinoo, perché sfidi ancora il divino

Ulisse? Non ti basta avergli saccheggiato la casa e insidiato la sposa? Adesso vuoi anche uccidergli il figlio?»

Poi si voltò, e, senza guardare in faccia nessuno, risalì nelle sue splendide stanze, sempre seguita come un'ombra dalle silenziose ancelle.

Si fece sera ed Eumeo tornò al suo capanno. Ovviamente trovò Ulisse che era stato di nuovo tramutato in mendico dalla Dea dagli occhi lucenti.

I due uomini mangiarono insieme allegramente, finché, sazi di cibo e di vino, si andarono a coricare tra i porci.

Canto XVII

Argo

Laddove si narra di come Telemaco metta al corrente sua madre Penelope su quanto ha appreso da Nestore e Menelao e di come Ulisse sia maltrattato in piazza da un certo Melanzio e nella reggia da Antinoo, solo perché sporco e cencioso. Si narra infine del vecchio cane Argo che alla vista di Ulisse non regge all'emozione e muore.

Appena vide l'Aurora dalle dita rosa far capolino all'orizzonte, Telemaco si legò ai piedi i sandali ben fatti, prese la lancia di bronzo e andò a salutare il guardiano dei porci.

«Padre,» gli comunicò «io vado alla reggia. Abbi cura tu dello sventurato straniero. Portalo in città perché possa mendicare un tozzo di pane, a meno che non sia lui stesso a chiederti di voler restare nei campi.»

«Ma io non voglio restare» precisò il finto mendico. «Anzi desidero andare in città quanto prima sia possibile, anche perché, per un accattone, la città è sempre più generosa della campagna: offre maggiori occasioni. Sarei felice, piuttosto, se qualcuno m'indicasse la strada.»

Arrivato alla reggia, Telemaco appoggiò a una colonna la lancia ben equilibrata e salì ai piani superiori. Nella prima sala, avvolta in un mantello nero, vide la sua vecchia nutrice Euriclea e poco più in là sua madre Penelope.

«Sei tornato alfine, luce degli occhi miei!» esclamò la regina appena lo vide. «Pensavo proprio che non t'avrei più rivisto dopo che eri partito per Pilo, e invece eccoti qui: più bello di prima. Raccontami tutto, o figlio mio adorato, e dimmi dove sei stato, chi hai visto e che cosa hai saputo di tuo padre.»

«Madre, in questo momento non posso dirti nulla. Ti basti sapere che sono riuscito a evitare l'agguato mortale dei pretendenti. Tu, piuttosto, chiuditi nelle tue stanze e prega gli Dei affinché vogliano esaudire i nostri desideri. Nel frattempo, io andrò a casa di Pireo, il figlio di Clitio, per accertarmi che lo straniero da me imbarcato a Pilo abbia avuto l'ospitalità promessa.»

Ciò detto, attraversò la piazza antistante la reggia tra la generale ammirazione del popolo. Atena, infatti, lo aveva coperto di bellezza, rendendolo in tutto e per tutto simile a un Dio. Era alto, bello, biondo e con gli occhi azzurri. Perfino i Proci non poterono fare a meno di ammirarlo, anche se, in cuor loro, gli auguravano innumerevoli sciagure.

Tra i tanti che gli si fecero incontro, ci fu Pireo, il compagno al quale aveva affidato Teoclimeno.

«Presto, mio giovane signore,» gli disse, inchinandosi per rispetto, «manda a casa mia i tuoi servi a prelevare i bellissimi doni che ti fece Menelao.»

Ma Telemaco lo zittì.

«Taci, o Pireo: così come stanno le cose, quei doni sono più al sicuro a casa tua che non nella mia. Prima o poi i Proci riusciranno a farmi fuori e io non voglio che i munifici doni del glorioso Menelao finiscano nelle loro avide mani. Se un giorno, come spero, sarò io a cacciarli via dall'isola, li porteremo insieme nelle stanze di mia madre.»

«Farò come tu dici, o divino,» acconsentì Pireo. «Ora, però, ho un'altra cosa da chiederti: è qui con me Teoclimeno, lo straniero che mi avevi affidato a Pilo. Dove vuoi che lo accompagni?»

Telemaco salutò l'ospite e lo invitò perché lo seguisse alla reggia. Lì giunti, le ancelle li lavarono entrambi con estrema cura, cospargendoli da capo a piedi di oli profumati, per poi ricoprirli con ricche tuniche bianche e mantelli di lana. Una volta messi a lucido, i due giovani si presentarono nella sala del trono, e qui Penelope, desiderosa com'era di aver notizie di Ulisse, chiese a suo figlio:

«Raccontami, o Telemaco, che cosa ti dissero Nestore e Menelao, e che cosa accadde a tuo padre quando lasciò le spiagge della fatidica Troia. Ti scongiuro, però, o figlio, di non nascondermi nulla, anche se le parole dovessero ferirmi.»

Evidentemente Penelope, a parte la paura di aver perso il marito, aveva anche quella di essere stata tradita. Certo è che quando un uomo non torna più a casa, due sono le ipotesi possibili: o è morto, o si è accasato con un'altra donna. Ma Telemaco, almeno su quest'ultimo punto, la tranquillizzò.

«O madre mia divina, ti dirò ogni cosa. Dapprima sono stato da Nestore, signore di popoli, ma lui nulla sapeva di mio padre, se non quello che sanno tutti, e cioè che si coprì d'onore durante l'assedio. Allora mi recai a Sparta dal glorioso Menelao e lì, nella reggia, incontrai la bellissima Elena dai capelli d'oro, la donna per le cui grazie tanti giovani Achei persero la vita. Menelao dalla voce possente, una volta appreso il motivo del mio viaggio, mi raccontò di aver incontrato un giorno un mostro marino chiamato Proteo e di aver saputo da lui che Ulisse era ancora vivo, seppure prigioniero di una ninfa chiamata Calipso. Mi disse anche che molto soffriva per colpa di costei.»

A questo punto, però, Teoclimeno, lo straniero ospite di Pireo, chiese di parlare.

«Credo, o mia regina, di poter aggiungere qualcosa a quanto ha appena detto tuo figlio. Premesso che nella vita ho avuto spesso delle visioni, e che queste visioni si sono sempre avverate, per quanto riguarda il tuo sposo, voglio dirti che lo sento a noi molto vicino, come se in questo momento si aggirasse per le strade di Itaca meditando la morte dei suoi nemici.»

Le intuizioni di Teoclimeno e, soprattutto, la sicurezza con la quale le aveva esposte, lasciarono tutti ammutoliti. Penelope stessa, malgrado le innumerevoli delusioni avute in passato, non poté fare a meno di restarne colpita.

«A essere sincera, o straniero, non credo a nessuna delle tue parole. Se Ulisse fosse tornato, sarebbe già qui, tra le mie braccia. Ma se al contrario, magari anche in parte, le tue fantasticherie si avverassero, io stessa ti coprirei d'oro e d'argento.»

Nel frattempo, sulla piazza antistante la reggia, i Proci si affrontavano in alcune gare di atletica, il che accadeva spesso in quei giorni. Quella sera erano in programma le gare di disco e di giavellotto. Chi più chi meno, tutti fecero un lancio, finché un araldo di nome Medonte non salì su un muretto per annunziare che il banchetto stava lì lì per iniziare.

«O nobili signori, basta con le gare!» annunciò con quanta voce aveva in gola. «La tavola è pronta! I servi hanno già infilzato nello spiedo un giovane ariete dalle teneri carni. E se non bastasse, per voi c'è anche una vacca appena sgozzata, due grassi maiali e quattro floride capre. Non fate attendere i valletti. Hanno tra le mani enormi vasi di bronzo, stracolmi di vino dolcissimo di Creta, e non vedono l'ora di versarlo nelle vostre coppe lucenti.»

A un invito del genere, diciamo la verità, era difficile resistere. I Proci, infatti, non se lo fecero dire due volte e, tra risa e schiamazzi, si riversarono in massa nel salone delle feste, sempre seguiti da una larga fetta di popolo. Nella reggia, in pratica, a gozzovigliare ci andavano un po' tutti: sia i Proci che gli Itacesi, e forse anche per questo i pretendenti non erano poi così malvisti dal popolo. Gli unici a odiarli, in effetti, erano i familiari di Ulisse.

Intanto il guardiano dei porci e il finto mendico facevano il loro ingresso in città. Come prima cosa si avvicinarono a una fontana per dissetarsi. Si erano appena curvati sullo specchio d'acqua quando un gruppo di nullafacenti cominciò a prenderli in giro. Uno di loro li aggredì sghignazzando:

«Ma tu guarda che bella coppia di straccioni!»

E subito dopo un altro, un certo Melanzio, chiese a Eumeo:

«Ma dove vai, vecchio miserabile, con questo morto di fame alle calcagna? Non t'accorgi, porcaro maledetto, che è un accattone pidocchioso, un ripulitore di mense? Se pensi di portarlo alla reggia, aspettati un'accoglienza di questo tipo.»

E così dicendo, sferrò un poderoso calcio nel didietro di Ulisse, proprio nel momento in cui il disgraziato si era chinato per bere. L'eroe finì col viso nell'acqua ma non ebbe alcuna reazione. Fosse stato nei suoi panni di sempre, come minimo avrebbe ucciso il provocatore. Ma il piano che aveva in mente non gli consentiva la minima distrazione. Si limitò, quindi, a memorizzare il viso del villano per poter poi, un giorno, rendergli il dovuto. A prendere le sue difese, invece, provvide Eumeo che, dopo aver aspramente rimproverato il giovinastro, si rivolse direttamente alla fontana.

«O ninfe dell'acqua, se è vero che un tempo Ulisse bruciò per voi cosce di agnelli e lombi di capretti, esaudite questo mio desiderio: che torni presto il mio padrone! Sono certo, infatti, che con lui presente anche tutto il resto tornerebbe alla normalità. E così, finalmente, potremmo cacciare da Itaca tutti gli arroganti che oggi fanno il bello e il cattivo tempo.»

«Cosa vai blaterando, lurido porcaro» gli urlò addosso

Melanzio. «Che Apollo dall'arco d'argento colpisca il tuo Telemaco e gli faccia fare la fine che merita. Oppure che ci pensino i pretendenti, una volta per tutte, a far piazza pulita dei parenti di Ulisse e dei loro leccapiedi!»

Ulisse, accorgendosi che Eumeo stava per mettere mano alla spada, preferì trascinarlo via per un braccio. D'altra parte, pensò, che senso aveva litigare con un perdigiorno come quello! Meglio avviarsi alla reggia. E stavano ancora per strada quando cominciarono a sentire i primi frastuoni provenire dalla sala delle feste. Si udivano, distintamente, il lieve suono di una cetra, la dolce voce di un aedo e le urla e il vociare dei commensali ubriachi.

«È questa, o Eumeo, la dimora del tuo padrone?» chiese Ulisse. «Mi par di capire che dentro si stia consumando un grandioso banchetto. Entriamo, ordunque, anche noi e vediamo se qualcuno mi regala un avanzo. Sento nell'aria un delizioso profumo di carne arrostita e mi sembra di udire anche il canto di un aedo.»

Ma Eumeo lo trattenne.

«Aspettami fuori, o vecchio: fammi entrare per primo e dammi il tempo di dare uno sguardo in giro. Se la situazione mi sembrerà accettabile, ti farò un cenno e tu mi seguirai. Se, invece, mi accorgo che non è aria, aspettami fiducioso nell'atrio. In entrambi i casi, mi raccomando, non esporti troppo. Ricordati che questi Proci, soprattutto quando hanno bevuto, sono più simili alle bestie che non agli esseri umani.»

«Non ti preoccupare,» rispose Ulisse «sono abituato alle percosse e non mi curo delle offese. Tieni conto che per un mendicante chiedere un tozzo di pane e vederselo rifiutare, è un fatto del tutto normale. Praticamente è la regola.»

Entrando, però, nel cortile, i due uomini scorsero in un angolo un cane molto vecchio disteso su un pagliericcio puzzolente. Era Argo, il cane che Ulisse aveva cresciuto fin da quando era un cucciolo e che aveva dovuto abbandonare quando partì per Troia.

«Eumeo,» chiese Ulisse al guardiano «questo cane così sporco, un tempo deve essere stato molto bello, e forse anche molto veloce nell'inseguire lepri e cerbiatti. Non come certi cani che non servono a nulla e che a volte i ricchi hanno in casa solo per allietare la vista.»

«Come sempre hai ragione, vecchio mio: questo è Argo, il cane prediletto da Ulisse. Purtroppo le donne, una volta partito il padrone, non si sono più prese cura di lui, e ora giace qui, divorato dalle zecche e in un sozzo letamaio.»

Il cane, comunque, non appena scorse Ulisse, sollevò la testa, drizzò le orecchie, mosse appena appena la coda e crollò al suolo stecchito. Aveva riconosciuto il suo padrone, ma non ce l'aveva fatta ad andargli incontro. Morì così, senza emettere nemmeno un guaito, il più fedele degli amici di Ulisse. L'eroe, nel vedere un essere a lui tanto caro spegnersi in silenzio, avrebbe voluto fermarsi, se non altro per fargli un'ultima carezza. Ma ancora una volta fu costretto a fingere: si asciugò di nascosto una lacrima e tirò via.

Quando Telemaco vide Eumeo entrare nel *megaron*, gli chiese ad alta voce che fine avesse fatto il vecchio mendico, ma, prima che il buonuomo potesse rispondere, anche Ulisse fece il suo ingresso nel salone. Telemaco, allora, prese dal tavolo riccamente imbandito un cesto colmo di pane e lo porse al guardiano.

«Prendi questo pane, Eumeo, e offrilo al nuovo arrivato. Digli di rivolgersi anche agli altri, e ricordagli che quando si è poveri non ci si deve vergognare di chiedere.»

Ulisse non se lo fece dire due volte, cominciò a girare tra i tavoli con la mano tesa, e a ciascuno chiedeva un cucchiaio di minestra o una ciotola d'acqua. Solo così, forse, avrebbe potuto capire chi un domani poteva sperare nel suo perdono, e chi, invece, doveva essere eliminato senza pietà. Purtroppo, però, lo vide anche il trucido Melanzio, lo stesso che poco prima, in piazza, lo aveva preso a calci.

«Signori miei e voi nobili Proci,» strepitò il gaglioffo «io questo accattone l'ho già incontrato per strada e non so bene chi sia. L'ha portato qui Eumeo, il nostro fornitore di porci. Ebbene, per farvi capire come la penso, io lo caccerei via a pedate. Ma guardatelo bene: è sozzo come un cane randagio ed emana già un odore di cadavere!»

Al che anche Antinoo volle dire la sua:

«Disgraziato di un guardiano,» urlò, puntando l'indice contro Eumeo, «perché hai condotto qui questo pezzente? Non pensi che ci siano già troppi vagabondi in questi nostri festini? Prima ti lamenti che mangiamo i beni del tuo padrone e poi ci porti eserciti di accattoni!»

«Questa casa, che io sappia, non è tua, o arrogante Antinoo» rispose tosto il guardiano, sfidandolo anche con lo sguardo. «Solo la regina può stabilire chi ha diritto a entrare e chi no. E poi non capisco a te cosa importa se un altro uomo si siede alla mensa, dal momento che nulla di quello che qui viene servito ti appartiene. La verità è che tu sei sempre stato il più malvagio degli uomini.»

Ma Telemaco s'interpose tra i due.

«O nobile Antinoo,» propose «tu che ti vanti di somigliare a mio padre, sappi che Ulisse non avrebbe mai cacciato un ospite dalla sua mensa, e che quando incontrava un mendico gli dava sempre qualcosa da mangiare.»

«Mi avete convinto,» finse Antinoo «fatelo venire da me e io gli darò tutto quello che ho davanti.»

Sennonché, quello che aveva davanti altro non era che lo sgabello di legno sul quale poggiava i piedi, e difatti, non appena Ulisse si avvicinò, glielo scaraventò addosso con tutta la forza possibile, tra le sghignazzate dei compagni.

Anche questa volta, ovviamente, Ulisse sopportò in silenzio. Provò solo a ricordare ad Antinoo che la vita ha i suoi alti e bassi, e che sono sempre gli Dei a decidere i tempi e i modi.

«O mio illustre signore,» gli disse con voce pacata, quasi chiedendogli scusa, «un tempo anch'io ero come te: abitavo in una casa ricca e ben fornita di cibo. Ero arrogante, giovane, bello e con moltissimi servi. Poi, disgraziatamente, un brutto giorno la sorte mutò: mi ritrovai in Egitto, e qui, malgrado mi fossi tanto raccomandato ai miei compagni, questi vollero per forza scendere a terra, dove finirono con l'uccidere tutti gli uomini che incontravano e violentare tutte le donne di un villaggio. Gli Egizi, però, ben presto si riorganizzarono e una notte senza luna ci aggredirono nel sonno. Molti dei miei uomini furono trucidati. Altri invece, tra cui io, furono venduti come schiavi a Dmetore, figlio di Iaso e re di Cipro. Ed è appunto da Cipro che da poco sono giunto, dopo molte tribolazioni.»

Insomma, se non si fosse ancora capito, a Ulisse piaceva raccontare storie. A volte se le inventava di sana pianta, altre volte, invece, alternava bugie colossali a episodi realmente accaduti. Perché lo facesse anche col nemico non si è mai capito: forse per distrarlo un attimo prima di vibrargli il colpo fatale, un po' come fanno i toreri quando, prima di mirare al cervello, punzecchiano il toro con le *banderillas.*

Qualcuno, però, andò da Penelope a raccontare l'aggressione subìta dal mendico. La regina, allora, volle subito invitare il poveretto nelle sue stanze, tanto più che il guardiano dei porci ne aveva preso le difese davanti a tutti.

«Per tre giorni l'ho avuto in casa, o mia regina, e l'ho sempre trovato molto rispettoso» le confidò Eumeo. «Quando poi si mette a raccontare il suo passato si vorrebbe che non smettesse mai, tanto sono appassionanti le storie che narra. Inoltre, dà per certo che il divino Ulisse sia ancora vivo e che tra non molto lo rivedremo a Itaca.»

«Che Zeus lo ascolti!» sospirò Penelope. «Tu, ad ogni buon conto, portalo qui da me e, se ci darà notizie del mio sposo, saprò io come ricompensarlo.»

Canto XVIII
Iro

Laddove si narra di come Ulisse, appena entrato nella reggia, sia stato costretto a fare a pugni con Iro, l'accattone di corte, di come Penelope abbia invitato i pretendenti a offrire doni adeguati, e di come l'ancella Melanto abbia coperto d'ingiurie il falso mendico.

Travestirsi da mendico dovette sembrare a Ulisse il miglior sistema per passare inosservato. Un pezzente, pensò, al massimo può dare fastidio, ma non potrà mai essere sospettato. Aveva fatto i conti senza Iro, l'accattone di corte. Costui, a detta di Omero, era un omaccione dall'apparenza vistosa, anche se del tutto privo di vigore, e per di più con un pessimo carattere. Non appena vide il proprio territorio invaso da un concorrente, non esitò un istante ad affrontarlo di petto.

«Ehi tu, vecchio, dove credi di andare?» sbraitò, bloccando l'intruso sulla soglia del salone. «Non lo sai che è proibito entrare? Vattene via prima che ti trascini per un piede fuori dalla porta!»

«Cosa vuoi da me?» protestò Ulisse accovacciandosi accanto a una colonna. «Io qui non faccio nulla di male, né impedisco a qualcuno di farti l'elemosina. Sono solo un poveraccio, come te del resto, e penso che possiamo vivere benissimo tutti e due su questa soglia senza darci fastidio a vicenda. La nostra sorte, credimi, non dipende da noi, né dai Proci, ma solo dagli Dei.»

Iro, però, a questi livelli filosofici non arrivava, ragion per cui cominciò a urlare come un ossesso:

«Ma sentitelo, questo pidocchioso, come blatera! Parla come se fosse un maestro!»

«Ma che fastidio ti dà?» gli chiese uno dei Proci. «Lascialo in pace: non t'accorgi che è solo un povero vecchio rattrappito?»

«Lasciarlo in pace?» ripeté Iro, fuori di sé dalla rabbia. «Non ci penso nemmeno!» Poi, rivolgendosi direttamente a Ulisse e puntandogli un dito contro: «Lo sai, sozzo mangione, che potrei farti a pezzi? Lo sai che potrei romperti quei pochi denti che hai in bocca? E adesso fai attenzione a quello che ti dico: se tu non fossi così decrepito, ti avrei già buttato fuori dal portico a calci nel sedere. Tu però, adesso, non approfittarti della mia pazienza: o te ne vai con le buone, o ti prepari a fare i conti con le mie mani».

Molti pensano che solo in politica ci possano essere scontri di potere. Niente di più errato: la nostra società prevede la competizione a tutti i tipi di livello, e, per rendersene conto, basta avventurarsi di notte a Roma in uno dei viali del Parco Olimpico o semplicemente su una delle due sponde del Tevere. Lottano tra loro i polacchi per chi deve lavare i vetri alle auto, lottano all'ultimo sangue gli albanesi per garantire il posto di lavoro alle loro protette, lottano i viados brasiliani e lottano perfino i venditori ambulanti di accendini, di fazzoletti di carta, di ombrellini e di qualsiasi altra cosa sia possibile vendere per strada. Mi dicono che, nelle grandi città, anche i posti ai semafori vengono messi all'asta tra gli aspiranti extracomunitari, come se fossero dei normali esercizi commerciali.

La sfida di Iro, comunque, non poteva sfuggire all'attenzione dei Proci, e Antinoo ne approfittò subito per montarci su uno spettacolino.

«Amici,» proclamò ad alta voce «nulla di simile era finora capitato a Itaca. Dobbiamo ringraziare gli Dei per questo intermezzo sportivo. Iro e lo straniero si sfidano nella lotta. Andiamo ordunque ad aizzarli come si deve, l'uno contro l'altro, affinché lottino fino all'ultimo sangue!»

Al che Ulisse, per precauzione, volle mettere le mani avanti.

«Signori miei, se mi batto è perché la fame mi costringe a farlo. Altrimenti io, vecchio e con i capelli bianchi, non incrocerei mai i pugni con un uomo tanto più giovane di me. Voi, però, di grazia, giurate solennemente di non aiutare il mio avversario colpendomi alle spalle.»

E Telemaco si affrettò a rassicurarlo.

«Non preoccuparti, o straniero: saremo tutti imparziali. Chi malauguratamente dovesse intervenire dovrebbe poi fare i conti con tutti gli altri. A me sembra che almeno su questo punto siamo tutti d'accordo. Anche Euriloco e Antinoo mi stanno dando cenni di assenso.»

Cominciarono così a fioccare le scommesse. All'inizio erano quasi tutti per Iro, poi, quando Ulisse, raccolti i cenci intorno alla cintura, mise in mostra un bel paio di gambe sode e robuste, qualcuno cominciò a puntare anche su di lui. Non c'era dubbio: malgrado l'età, il nostro eroe dava l'impressione di essere più esperto nella lotta del suo nemico. Evidentemente era stata Atena a irrobustirlo per l'occasione. E dal momento che nessuno dei due si decideva ad attaccare, Antinoo pensò bene di mettere in palio una posta appetibile.

«O nobili Proci,» sentenziò «ecco cosa vi propongo: ci sono qui sul fuoco alcune succulente salsicce, piene di grasso e di sangue. Chi di questi due disgraziati riuscirà a trascinare l'altro fuori dalla sala, potrà scegliersi la salsiccia che più gli aggrada, e da oggi in poi permetteremo solo a lui, e a nessun altro, di mendicare in questa casa.»

«Ben detto!» approvò uno degli spettatori. «Temo, però, che ben presto il nostro Iro non sarà più Iro: osserva il torace del vecchio mendico, o Antinoo, e mi darai ragione.»

Iro, in effetti, aveva fiutato che le cose si stavano mettendo male per lui, e, anche se impercettibilmente, aveva cominciato a indietreggiare. Al che Antinoo lo rimproverò duramente:

«Dovresti non essere nato, spaccone, se ti metti a tremare davanti a uno che ha trent'anni più di te. Battiti da uomo e con coraggio, altrimenti ti spedirò oggi stesso dal re Echeto che, come ben sai, è famoso per la sua abitudine di tagliare il naso, le orecchie e i genitali ai mendicanti prima di darli in pasto ai cani.»

Insomma, quelli erano i lottatori e questi i tifosi.

Il primo ad attaccare fu Iro, con risultati, però, alquanto modesti: colpì Ulisse a una spalla senza spostarlo nemmeno di un centimetro. Ben diversa, invece, la reazione dell'eroe. Il figlio di Laerte prese l'avversario sotto l'orecchio e lo fece crollare al suolo come se fosse un sacco vuoto. Poi lo afferrò per un piede e se lo trascinò su e giù per tutta la sala tra le risa e gli schiamazzi dei Proci. Una volta poi arrivato in cortile, lo gettò in un angolo, tra la spazzatura, urlandogli addosso tutto il suo disprezzo:

«Resta qui, o miserabile, e ricordati di non fare più il gradasso con gli altri miserabili, se non vuoi che ti capiti anche di peggio.»

La vittoria di Ulisse fu molto apprezzata dai Proci. Antinoo gli servì una salsiccia enorme, gonfia di grasso e di sangue, e Anfinomo gli porse una coppa d'oro colma di vino dolcissimo.

«Salute a te, o straniero,» gli disse «e che tu possa un

giorno essere felice, a ricompensa delle sventure che fino a oggi ti hanno afflitto.»

E Ulisse accortamente rispose:

«O Anfinomo, tu mi sembri un uomo molto saggio, come del resto era anche Niso di Dulichio, tuo padre. Dovresti sapere, allora, che non c'è nulla al mondo di più effimero della gioventù. Ognuno di noi, finché è giovane e forte, pensa che tutto gli sia dovuto. Poi accade che gli Dei, da un certo momento in poi, diano inizio a un periodo fatto solo di dolori e di malattie. Ebbene, a me sembra che i tuoi amici stiano compiendo delle azioni indegne: distruggono i beni di un uomo e insidiano la sua sposa senza tener conto che quest'uomo potrebbe tornare da un momento all'altro. E allora io ti chiedo: cosa pensi che accadrà il giorno in cui il figlio di Laerte tornerà in patria e vedrà la sua sposa molestata e la sua casa invasa?»

Più chiaro di così non avrebbe potuto parlare. Eppure Anfinomo non recepì il messaggio: evidentemente era troppo ubriaco per capirci qualcosa.

Atena, nel frattempo, consigliò a Penelope di mostrarsi a Ulisse. Voleva che l'eroe si rendesse conto di quanto la sua sposa fosse desiderata dai pretendenti e, contemporaneamente, di come lei fosse superiore a qualsiasi tentazione. La regina, a ogni modo, non si lasciò pregare e, dopo una controllatina allo specchio, disse a una delle ancelle:

«Eurinome, per quanto mi siano insopportabili i pretendenti, ho voglia di scendere nel salone. Desidero convincere mio figlio a non frequentare più quei loschi figuri.»

Ed Eurinome rispose:

«O mia regina, va' pure da tuo figlio e non nascondergli nulla. Prima, però, ti prego: truccati gli occhi e ungiti le guance. Non t'accorgi che sono tutte bagnate di lacrime?»

«Non ci penso nemmeno» replicò Penelope. «Non ho alcuna intenzione di rendermi desiderabile. La bellezza me la tolsero gli Dei il giorno in cui decisero di far partire

Ulisse per Ilio. Chiama piuttosto Autonoe e Ippodamia e di' loro di starmi sempre accanto. Mi vergogno a camminare da sola in mezzo agli uomini.»

Ma ci pensò la Dea dagli occhi lucenti a renderla ancora più bella: come prima cosa le versò negli occhi un sonno dolcissimo, poi, approfittando del fatto che dormiva, le si pose accanto, come se fosse una qualsiasi truccatrice, e le unse il bellissimo viso con l'olio sacro, lo stesso che usava Afrodite quando danzava con le Cariti. E, come tocco finale, la rese un pochino più alta, più eterea e più candida dell'avorio.

Quando Penelope giunse nel salone un vasto mormorio si levò dai tavoli dei pretendenti: tutti, senza eccezioni, avrebbero pagato Dio solo sa quanto per stendersi nel suo talamo quella notte. Malgrado il successo che riscuoteva, però, la divina attraversò la sala del tutto indifferente alle paroline dolci che le venivano sussurrate, e si diresse decisa verso Telemaco.

«Figlio mio, ormai sei grande, hai raggiunto il fiore della giovinezza, ma non ancora quello della saggezza. Hai permesso che un mio ospite, perdipiù anziano, venisse lungamente offeso, e questo solo per divertire i commensali di un banchetto.»

«È vero, madre, ma non posso badare a tutto. E se l'ospite e Iro sono venuti alle mani, non è stato, credimi, per colpa mia, né per colpa dei Proci, ma perché così avevano deciso gli Dei. Aizzarono loro l'accattone contro l'ospite, e poi lo fecero crollare al suolo al primo impatto.»

Ma anche Eurimaco volle dire la sua:

«O saggia Penelope, figlia d'Icario, tutte queste cose non accadrebbero se tu ti decidessi a fare questa benedetta scelta. Oggi sei così bella e così saggia, che, se ti potessero vedere tutti gli Achei, al di qua e al di là dei mari, non saremmo solo noi Proci a desiderarti.»

«O nobile Eurimaco,» rispose pacata la regina «la bellezza mi fu tolta il giorno in cui gli Dei decisero di far partire il mio Ulisse da Itaca. Ricordo ancora quella mattina. Eravamo in riva al mare. Lui mi prese la mano e mi disse: "Moglie mia adorata, non credo che gli Achei dalle belle armature riusciranno a tornare tutti. Se dovessi rimanere ucciso, tu abbi cura della casa e dei genitori. Poi, quando vedrai spuntare la prima barba sulle guance di tuo figlio, scegliti pure un altro sposo". Temo, quindi, che, sia pure con la morte nel cuore, prima o poi sarò costretta a contrarre le nuove nozze. Un tempo, però, gli aspiranti alla mano di una regina erano soliti proporsi offrendo al padre dell'amata splendidi doni; oggi, invece, mi sembra che preferiscano bivaccare in casa del primo marito e, più a lungo dura il corteggiamento, più a loro fa comodo.»

L'intervento di Penelope riscosse il gradimento generale, e primo di ogni altro quello di Ulisse. Erano passati vent'anni dall'ultima volta che l'aveva vista e la prima impressione che ne ebbe fu quella di trovarla ancora più affascinante di come se la ricordava. Perfino il discorso sui doni gli piacque: a parole lei invitava i pretendenti a farsi avanti e nei fatti prendeva tempo. A parte, comunque, le sue impressioni, le parole di Penelope scatenarono un'immediata corsa ai doni. Ognuno dei Proci ritenne suo dovere inviare a casa un araldo per scegliere un regalo che fosse degno della persona a cui era destinato: Antinoo si fece portare un peplo ricamato con dodici fibbie d'oro, Eurimaco una collana d'oro con grani di ambra, Euridamante due orecchini adorni ciascuno di tre perle grandi come nocciole e Pisandro un cerchio d'oro da collo. E mentre tutti erano indaffarati in questa faccenda dei doni, la divina si ritirò nelle sue stanze.

Ormai si era fatta quasi notte, e Ulisse, vedendo le ancelle ancora intente a non fare spegnere i fuochi nei camini, pensò bene di rendersi utile:

«O ancelle,» disse loro «raggiungete la vostra padrona e

cercate di farle tornare il sorriso sulle labbra, che a ravvivare i fuochi provvederò io stesso.»

L'ordine, però, non piacque a una di loro, alla sfrontata Melanto dal bellissimo volto. Era questa una schiava che, sebbene cresciuta come una figlia da Penelope fin da quando era una bambina, col passare del tempo si era allontanata dalla famiglia. Dicevano le malelingue che ogni notte la bella Melanto s'infilava nel letto del perverso Eurimaco.

«O miserabile,» imprecò Melanto, rivolgendosi a Ulisse, «come osi darmi degli ordini! Evidentemente il vino ti ha dato alla testa. Invece di andare a dormire con i tuoi simili, vieni qui a comandare. Credi forse, solo perché hai picchiato un disgraziato, di poter decidere chi deve restare accanto ai camini e chi andare dalla regina? Bada che non si presenti qualcuno più forte di Iro e che non ti conci come meriti.»

E Ulisse le rispose per le rime:

«Sciagurata, andrò subito a riferire quanto hai detto a Telemaco e farò in modo che ti possa dare la lezione che meriti.»

Come dire: va be' che mi debbo fare insultare per strada, va be' che debbo fare a pugni con i mendicanti, va be' che mi debbo fare sputare in faccia dai Proci, ma che ora pure le colf si mettano a insultarmi mi sembra un po' esagerato. Insomma, quando è troppo, è troppo!

È da notare come nell'*Odissea* i nomi dei personaggi non sono mai dati a casaccio, per cui già dal nome si capisce con chi si ha a che fare. Mentore e Mente saranno di sicuro delle persone sagge (da μέν che vuol dire «certo»), al contrario di Melanzio e di Melanto che saranno dei soggetti pessimi (da μέλας che vuol dire «nero») e per finire a Eumeo e a Euriclea che invece saranno bravissimi, se non altro perché hanno un nome che comincia per εὐ, ovvero «perbene» detto in greco.

Canto XIX

Euriclea

Laddove si narra di due incontri: quello con Penelope e quello con Euriclea. Nel primo la regina si strugge in lacrime ma Ulisse la lascia piangere senza mai rivelarle chi lui sia in realtà. Nel secondo la nutrice, benché quasi cieca, lo riconosce mentre gli lava i piedi.

Finita la festa e sparecchiate le mense, nel salone rimasero Penelope, Euriclea, Telemaco e Ulisse: quest'ultimo sempre coperto di rughe e vestito di cenci.

Il primo problema fu quello di staccare le armi dalle pareti per «ripulirle dalla caligine dei camini», così come era stato suggerito da Ulisse. In realtà padre e figlio avevano deciso di portare le armi ai piani superiori soprattutto per evitare che i Proci se ne appropriassero nel momento in cui avessero messo mano alla Grande Vendetta. Vedere, comunque, il giovane Telemaco darsi da fare per mettere a posto le armi fece un'ottima impressione alla nutrice Euriclea.

«Era ora, figlio mio, che ti occupassi dei tuoi beni. Che le ancelle ti aiutino in questa fatica e che ti facciano luce con le torce lungo le scale.»

«Grazie, madre,» rispose Telemaco «ma non ne ho bisogno: ho qui lo straniero che di certo mi darà una mano.»

In realtà, il ragazzo aveva voglia di restare a tu per tu col padre, se non altro per conoscere il piano che l'eroe aveva in mente, e si era appena avviato ai piani superiori, quando una specie di prodigio si verificò sotto i suoi occhi: ogni qualvolta entrava in un ambiente, questo s'illuminava spontaneamente, senza che ci fosse qualcuno che lo precedesse con una torcia. Evidentemente la Dea Atena, con la sua sola presenza, peraltro invisibile, rendeva luminosi i corridoi, le scale e le stanze da letto: primo esempio di illuminazione diffusa nella storia della letteratura.

«Padre,» esclamò Telemaco, al colmo della meraviglia, «quale spettacolo vedono i miei occhi! Qui tutto risplende, come se dietro a ogni parete ci fosse qualcuno con un grande fuoco. A questo punto non ho più dubbi: abbiamo un Nume che ci precede!»

«Tu non te ne preoccupare e va' a dormire» fu la risposta alquanto sbrigativa di Ulisse. «Io resterò ancora un po' in casa. Desidero mettere di nuovo alla prova tua madre e le sue ancelle. C'è, ad esempio, quella sfrontata di Melanto che non me la conta giusta: probabilmente meriterebbe una lezione.»

Non fece, però, nemmeno in tempo a nominarla che la bella fanciulla lo aggredì di nuovo.

«Che ti sei messo in testa, vecchio bavoso? Vuoi forse darci noia anche di notte? Non ti basta averci guardato con occhi libidinosi per tutta la sera? Vattene via, miserabile, se non vuoi che ti getti addosso un tizzone ardente.»

Al che Ulisse le chiese:

«Ma cosa ti ho fatto di male, o sciagurata, per essere insultato di continuo? Tu mi tratti in questo modo solo perché mi vedi vecchio e coperto di cenci. Fossi stato giovane e ricco, e con una bella tunica addosso, magari anche ricamata in oro e in argento, mi avresti riempito di baci e di carezze. Sappi, allora, carina, che anche per te verrà il giorno in cui perderai la bellezza, e che quel giorno sarai trattata nello stesso modo in cui ora sei solita trattare i poveri e gli anziani.»

Le ingiurie di Melanto, però, erano state udite anche da Penelope.

«Come osi, o spudorata, rivolgerti a un mio ospite con frasi così irriguardose!» disse all'ancella con tono severo. «Hai forse dimenticato qual è il tuo ruolo? Ricordati che sei una serva e che una serva non ha diritto a parlare se non viene interrogata! Sappi, comunque, che domani stesso verrai punita per questa tua insolenza!»

Quindi, rivolgendosi a un'altra ancella: «Tu, invece, mia dolce Eurinome, porta qui un seggio. Ricoprilo di soffici pelli e fai in modo che lo straniero possa sedersi comodamente. Desidero interrogarlo».

Fu così che ebbe inizio un lungo faccia a faccia tra la regina Penelope e il finto mendico.

«Ospite, come prima cosa devi dirmi chi sei, dove sei nato, chi sono i tuoi genitori e da dove vieni.»

Ulisse tentò di schermirsi. Le spiegò che per un fuggiasco raccontare la propria vita, e in particolare i momenti dell'adolescenza, equivaleva a soffrire due volte: una prima volta, perché erano stati eccezionali, e una seconda, perché non potevano più tornare. Ma Penelope glielo chiese di nuovo, e questa volta con tale grazia, che il poveraccio si rese conto che non era possibile dirle di no. D'altra parte, per lui, inventare storie non era mai stato un problema: gli bastava aprire la bocca.

«In mezzo al mare colore del vino, o mia regina, c'è una grande isola chiamata Creta, ricca di messi e di bellissime insenature. Fu lì che io ebbi i natali. Creta possiede novanta città e novanta popoli, ciascuno con una propria lingua e un proprio costume. Alcuni di questi popoli si fanno chiamare Achei, altri Dori, Cidoni, Pelasgi, Eteocretesi e via dicendo. La città più grande è Cnosso. Per nove anni vi regnò incontrastato il sommo Minosse, padre di mio padre Deucalione. Il mio nome è Etone, quello di mio fratello è Idomeneo. Ed è stato proprio a Creta che ho conosciuto il tuo sposo, il divino Ulisse. Infuriava una grande tempesta e le sue concave navi erano state scaraventate da capo Malea fin sulle nostre spiagge. A stento lui riuscì a trovare un rifugio nell'angusto porto di Amniso. Giunto, alfine, in città, Ulisse chiese di Idomeneo, sennonché il mio illustre fratello era già partito per Troia con le sue cento navi. Fui io, allora, ad accoglierlo e a offrirgli un tetto dove ripararsi. Avendone in abbondanza, poi, donai a lui e ai suoi compagni d'arme farina d'orzo, vino generoso e buoi da immolare. Dodici giorni rimase il tuo sposo a Creta perché dodici giorni durò il vento di Borea. Poi, il tredicesimo giorno, quando il vento smise di soffiare, le sue navi ripresero il viaggio verso Troia.»

Mentre l'eroe parlava, Penelope piangeva. Vere o inventate che fossero le sue storie, erano comunque credibili e la regina ne traeva un grande conforto, ma, nel contempo, anche una grande angoscia.

Ecco come Omero ci descrive la commozione della brava donna:

> Come si scioglie sui monti eccelsi la neve,
> che Euro sciolse e Zefiro aveva ammucchiata,
> e mentre si scioglie i fiumi s'ingrossano,
> così le si sciolsero le belle gote piangendo,
> gemendo per il suo sposo, seduto vicino. E Ulisse...
> (*Odissea*, XIX, 205-209, Mondadori, trad. A. Privitera.)

Lui, però, il bugiardone, era molto più restio a commuoversi. Chiunque, al suo posto, nel vedere la propria donna struggersi in lacrime, non ce l'avrebbe fatta a resistere. Come prima cosa avrebbe chiesto ad Atena di fargli riacquistare le fattezze di sempre, poi l'avrebbe stretta a sé, dicendole: «Amore mio dolcissimo, eccomi qui, sono il tuo

Ulisse, sono io, sono tornato! Se prima ero travestito da mendico è stato perché così ha deciso la Dea dagli occhi lucenti. Lo ha voluto per non farmi riconoscere dai Proci, in attesa, poi, di poterli sterminare con comodo. Adesso, però, bando alle chiacchiere: approfittiamo del fatto che in questo momento non ci vede nessuno, e facciamoci due coccole come Dio comanda». E, invece, lui niente:

> ...commiserava sua moglie che singhiozzava,
> ma i suoi occhi, quasi fossero corno o ferro, restarono
> nelle palpebre immobili: nascondeva con astuzia le lacrime.
> (*Odissea*, XIX, 210-212, *op. cit.*)

Malgrado le lacrime, però, Penelope aveva ancora dei dubbi. E se quell'uomo si stava inventando tutto solo per estorcerle un regalo? Vero o falso che fosse il suo racconto, lei volle metterlo alla prova.

«Se è vero che ospitasti il mio sposo e i fedeli compagni, dimmi, o straniero, quali erano i suoi abiti e chi erano codesti compagni.»

Da bravo attore qual era, Ulisse non rispose immediatamente. Chiuse gli occhi come se volesse meglio radunare i ricordi, poi, con studiata lentezza, e altrettanta perfidia, riprese il racconto.

«Sono trascorsi ormai venti anni da quel giorno e la memoria potrebbe tradirmi, ma mi sembra di ricordare che Ulisse avesse un mantello di porpora doppio, con una fibbia d'oro dov'era incisa la sagoma di un cane che stringeva tra le zampe un cerbiatto maculato... Ricordo anche, ma vagamente purtroppo, una tunica bianca, più leggera di un velo di cipolla e lucente al pari del sole... Quando poi s'imbarcò per Troia, io gli regalai una spada di bronzo e una seconda tunica di ricambio. Lo seguiva passo passo un araldo, di poco più anziano di lui: era un uomo dalle spalle larghe, dalla pelle bruna e dai capelli ricciuti... Euribate era il suo nome, ma, forse, sul nome potrei anche sbagliarmi.»

Perfetto! Stupefacente! Penelope a questo punto non ebbe più dubbi: gli prese una mano e se la strinse al cuore.

«Ospite mio diletto, se fino a qualche attimo fa m'ispiravi solo umana compassione, da questo momento in poi la mia casa è diventata la tua. Quelle vesti e quella fibbia d'oro fui io stessa a donarle al mio sposo il giorno in cui lo accompagnai alla nave.»

E lui di rimando:

«Ora, però, non piangere, o mia regina. Non annegare il tuo bel viso nelle lacrime. Del ritorno di Ulisse ho sentito parlare più volte dai Trespoti, uomini degni di fede. Mi dissero che tra non molto il tuo sposo tornerà a Itaca e che porterà con sé ingenti ricchezze. Non torneranno più, invece, i suoi fidi compagni. Tutti, infatti, morirono per non aver rispettato nell'isola di Trinacria le sacre mandrie del Sole. In verità gli sventurati le scannarono solo per fame, ma Zeus, per punirli dell'orrendo misfatto, li fece colare tutti a picco nel mare ricco di pesci. Solo Ulisse, aggrappato alla chiglia della nave, riuscì a salvarsi. Lo raccolsero i Feaci e lo avrebbero di certo anche riaccompagnato a Itaca se l'oracolo di Dodona non gli avesse suggerito di rientrare sotto mentite spoglie, per meglio sbarazzarsi dei Proci. Non passerà, comunque, una luna, che lo rivedrai.»

La gratitudine di Penelope a questo punto raggiunse il culmine. Altre volte le avevano predetto il ritorno del marito, ma mai con toni così convincenti come quelli del mendico. Come prima cosa ordinò alle ancelle di dedicarsi allo straniero.

«Preparategli un letto con tappeti e coperte pulite perché possa riposare al caldo finché l'Aurora dal trono d'oro non lo vorrà svegliare. Domani, poi, gli farete un bel bagno e lo ungerete ben bene d'olio in modo che possa sedersi accanto a Telemaco nella sala dei banchetti. Breve è la vita degli uomini, ed è nostro dovere renderla quanto più confortevole sia possibile, almeno per quel che dipende da noi.»

Tanta gentilezza, però, non fu molto apprezzata da Ulisse. Dio solo sa perché, l'eroe preferì tornare nel suo anonimato.

«Ti ringrazio, o divina, ma coperte preziose e letti morbidi non sono fatti per me. Da quando fui costretto a fuggire da Creta mi sono abituato a dormire all'aperto e, comunque, sempre su miseri giacigli. E nemmeno desidero che giovani ancelle mi lavino i piedi. Forse... se qui, alla reggia, ci fosse una vecchia sguattera... chissà? Forse da lei potrei accettare un servizio del genere.»

«Mai conobbi un uomo più saggio di te!» dichiarò Penelope entusiasta. «Tutto ciò che dici è frutto di una lunga esperienza. Ebbene, qui con me, alla reggia, c'è una vecchia serva che mi è rimasta fedele. È la stessa che, quando nacque il mio sposo, aiutò sua madre a partorire. Il suo nome è Euriclea. Sarà lei a lavarti i piedi anche se, essendo anziana e pressoché cieca, non ha molta forza nelle braccia.»

Avvisata dalla regina, Euriclea si mise subito al lavoro. Prese un ampio bacile e lo riempì di acqua fredda, poi ci versò un bel po' di acqua calda e infine preparò gli oli profumati per il dopo lavaggio. Il tutto sempre raccontando allo straniero chi era lei e chi era il suo padrone.

«Zeus ha molto avversato il mio signore, eppure nessuno più di lui bruciò cosce di capre e di agnelli sulle are sacrificali. Con quale risultato, poi? Quello di essere il solo degli Achei a non fare ritorno. Al che io mi chiedo: è giusto tutto questo? E ancora: dove sta adesso il mio padrone? Chi gli sta lavando i piedi? Non vorrei che capitasse sotto le grinfie di una cagna impudente, tipo quella che poco fa ti ha ingiuriato.»

Ulisse avrebbe voluto abbracciarla: Euriclea era stata la sua nutrice, la sua seconda madre. La regola, però, che si era imposto era quella di non farsi trascinare dalle emozioni: così come aveva resistito alle ingiurie dei Proci, doveva adesso resistere alle affettuosità delle persone che amava. D'altra parte, perché il suo piano andasse a buon fine, era indispensabile che nessuno, a eccezione di Telemaco, sapesse della sua presenza.

Euriclea prese i piedi dell'ospite e li mise nell'acqua, poi con le dita cominciò a massaggiargli i calcagni. Più lo toccava, però, e più sentiva il cuore batterle in petto. Era una strana sensazione che le partiva dai polpastrelli e le arrivava fino al cervello.

«Sai cosa ti dico, o straniero?» esclamò a un certo punto. «Nessuno, finora, mi è sembrato più simile di te al mio padrone: tu gli somigli nella voce, nel corpo e perfino nei piedi.»

E avrebbe continuato a parlare di somiglianze se non avesse toccato la cicatrice che Ulisse aveva poco più in alto del ginocchio destro. Era questa una ferita che risaliva alla sua prima gioventù, quando, ancora imberbe, era andato a caccia sul Parnaso con suo nonno Autolico. Un cinghiale, uscito all'improvviso da un bosco, lo aveva azzannato tranciandogli un pezzo di carne.

Euriclea lasciò cadere di colpo la gamba nel bacile. L'acqua si sparse un po' dovunque sul pavimento. Gioia e dolore le riempirono l'animo: avrebbe voluto urlare ma le mancò la voce. Poi, toccando con la mano tremante il viso dell'ospite, a stento riuscì a sussurrare:

«Tu sei Ulisse, il figlio mio adorato.»

Lui fece appena in tempo a tapparle la bocca.

«Taci, madre mia! Non credo che tu, dopo avermi nutrito quando ancora ero un infante, voglia adesso la mia morte. Sono giunto a Itaca dopo venti anni di sofferenze e di dolori, e perché io mi possa vendicare di tutti coloro che mi hanno oltraggiato, è bene che nessuno sappia del mio ritorno. Neanche la dolce Penelope deve saperlo. Ti prego quindi di non dire a nessuno che mi hai visto.»

«Non preoccuparti, figlio. Sarò dura come la roccia. Quando sarà il momento verrò io stessa a indicarti chi delle donne della reggia ha diritto a sopravvivere e chi, invece, merita la morte. Già ora potrei farti dei nomi.»

Non fece in tempo, però, a farne nemmeno uno che ritornò Penelope.

«Ospite caro,» disse a Ulisse «come la figlia di Pandareo, il bruno usignolo, canta tremula a primavera, così il mio cuore oscilla indeciso tra il dover restare accanto al figlio, a guardia della casa, e l'andarmene con il migliore dei pretendenti. In proposito ho anche fatto un sogno. Venti oche bianche mi giravano intorno finché un'aquila enorme dal becco ricurvo non piombò su di loro uccidendole tutte. Cosa pensi che voglia significare?»

«Non sono un esperto di sogni, o divina, ma in questo caso non ho dubbi: l'aquila è il tuo sposo e le oche sono i pretendenti. Il significato, comunque, non può essere che questo: nessuno dei Proci potrà evitare il suo funesto destino.»

«Spero che tu abbia ragione, o straniero, ma, come ben sai, due sono le porte dei sogni: quella con la soglia di corno, da cui ci arrivano i sogni che si avverano, e quella con la soglia d'avorio, dalla quale giungono i messaggi ingannevoli. Ora io, per meglio capire come dovrò comportarmi, avrei deciso d'indire una gara tra tutti coloro che ambiscono alla mia mano. Il mai abbastanza rimpianto Ulisse era solito piantare in fila su un'asse di legno dodici scuri prive dei manici, per poi attraversarne i fori con un'unica freccia. Ebbene, sottoporrò i pretendenti a quella stessa prova. Solo così potrò sapere chi di loro gli è più simile, quanto meno nell'uso dell'arco.»

In questo canto, come nel diciassettesimo, fa pensare il fatto che gli unici esseri che riconoscono Ulisse siano i più semplici, ovvero il cane Argo e la nutrice Euriclea. Argo riconosce il suo padrone con l'odorato, Euriclea con il tatto. Ambedue, però, sono quasi ciechi e, con ogni probabilità, anche i meno intelligenti, quasi che la vista (il più utile dei nostri sensi) e l'intelligenza (la più utile delle nostre qualità) fossero non già una dote, ma un ostacolo alla conoscenza.

Canto XX
La vigilia

Laddove si narra di come trascorrano la vigilia dell'eccidio Ulisse e Penelope e di come, il giorno dopo, abbia inizio l'ennesimo banchetto. Si narra altresì delle provocazioni subite da Ulisse da parte di un certo Ctesippo e delle funeste profezie del giovane Teoclimeno.

Ulisse si mise a dormire nell'atrio, per terra, dentro una pelle di bue non conciata. Oggi più sbrigativamente avremmo detto che si era messo in un sacco a pelo. Un paio d'ore più tardi arrivò anche Euriclea che, per non fargli sentire troppo freddo, lo coprì affettuosamente con alcune pelli di pecora. Lui, però, non riuscì lo stesso a prendere sonno: pensava sempre ai Proci, a quanti erano, e a cosa avrebbe dovuto fare per ucciderli tutti. Questi pensieri finirono con l'intasargli il cervello e col tenerlo sveglio.

> Come quando un uomo volta e rivolta sulla fiamma
> ardente una salciccia piena di grasso e di sangue,
> impaziente che sia presto arrostita, così da una
> parte e dall'altra si volgeva Ulisse e meditava
> come aggredire i Proci superbi che erano molti.
> (*Odissea*, XX, 25, trad. Maria Grazia Ciani, ed. Marsilio.)

In verità, paragonare Ulisse a una salsiccia non mi è mai sembrato un granché dal punto di vista poetico. Debbo ammettere, però, che rende bene l'idea: l'eroe era pieno di rabbia e si rosolava al fuoco dei suoi peggiori propositi. A farlo incavolare ancora di più, arrivò, poi, un gruppo di fanciulle schiamazzanti. Erano le ancelle della regina che ormai da tempo, ogni notte, andavano a infilarsi nei letti dei Proci. Attraversarono l'atrio ridendo e schernendosi a vicenda, senza minimamente preoccuparsi di chi invece cercava di prendere sonno. Lui, Ulisse, le avrebbe volentieri strangolate, ma come al solito mise a freno gli impulsi e si limitò a guardarle da sotto le pelli di pecora. Voleva memorizzarne i visi in modo da poterle riconoscere l'indomani, quando le avrebbe punite secondo i loro meriti.

«Cuore mio sopporta,» mormorò tra sé e sé «e ricordati che molto di più soffristi il giorno in cui il Ciclope ti divorò i compagni.»

Dovette udirlo, però, la Dea dagli occhi azzurri, tant'è che scese apposta dall'Olimpo per redarguirlo.

«Di cosa ti lamenti, o incontentabile? Sei a casa. Sei al sicuro. Hai già visto la sposa fedele e il figlio adorato. Cos'altro vuoi dalla vita per sentirti felice?»

Giustamente Ulisse le ricordò il problema dei Proci.

«Sono molti,» precisò «e io sono solo.»

«Ma non è vero che sei solo: innanzitutto ci sono io, che sono pur sempre una Dea, e poi avrai accanto tuo figlio Telemaco, il porcaro Eumeo e tanti altri servi che ti sono rimasti fedeli. E comunque credimi: anche se ti circondassero cinquanta schiere di nemici armati, io sono convinta che riusciresti sempre a cavartela.»

E così dicendo, gli instillò sotto le palpebre un sonno profondo.

Nelle stanze superiori non è che si soffrisse di meno: Penelope, al pari di Ulisse, stentava a dormire. I racconti dello straniero, se per un verso le avevano aperto il cuore alla speranza, per l'altro l'avevano sprofondata in uno stato di ansia tremendo. La sua angoscia era tale da farle desiderare addirittura la morte. Non a caso si rivolse direttamente ad Artemide, la Dea degli infarti, perché ponesse fine ai suoi tormenti.

«O Dea venerata, o figlia di Zeus, vorrei tanto che tu mi colpissi con una delle tue dolci frecce. Solo così, forse, potrei raggiungere il mio adorato sposo sotto l'odiosa terra e nel medesimo istante evitare di congiungermi a un altro uomo, a lui di certo inferiore.»

Poi, come sempre, arrivò l'Aurora dalle dita rosa. Ulisse fu il primo ad alzarsi e a rivolgere un pensiero al divino Zeus.

«O figlio di Crono, se dopo tante sofferenze e tanti naufragi mi hai fatto tornare in patria, dammi oggi stesso un segno della tua benevolenza.»

Non fece in tempo a finire la frase che un tuono potentissimo scosse la reggia. Il rimbombo fu tale che, in cortile, una delle schiave, intente alla macina del grano, alzò gli occhi al cielo e disse:

«Non si vede una nuvola, eppure tuona. Deve essere Zeus che sta inviando un segnale a qualcuno. Speriamo che si tratti di un segnale funesto per i pretendenti e che questo sia l'ultimo giorno in cui mangiano a spese del mio padrone.»

Tutta la reggia si era ridestata: venti ancelle si avviarono alla fonte per i quotidiani rifornimenti d'acqua, altre cinque provvidero ad accendere i fuochi nei camini e altre ancora rassettarono la sala del trono. Su tutte, come sempre, sovraintendeva la vecchia Euriclea.

«Presto, ragazze, spazzate in fretta la casa, lavate i pavimenti e stendete sui seggi le ricche coperte di porpora. Poi con le spugne ripulite ben bene i tavoli e fate in modo che tutto il vasellame riluccichi come il sole. Tra non molto arriveranno i signori Proci che come sempre vorranno gozzovigliare.»

Dal paese, intanto, cominciarono ad arrivare i fornitori: primo fra tutti Eumeo, con tre grossi maiali. Il porcaro, non appena scorse Ulisse, lo salutò con gioia.

«Salve, o straniero. Come va con i pretendenti? Continuano a insultarti? O si sono abituati alla tua presenza?»

L'eroe, probabilmente, avrebbe voluto rispondergli, però ritenne più prudente in quel momento non aprire una discussione troppo impegnativa. Si limitò a salutarlo, e comunque non fece in tempo a tendergli la mano che alle spalle di Eumeo comparve il trucido Melanzio con le pecore destinate al banchetto. Come sempre, il mascalzone lo attaccò di brutto.

«Sei ancora qui tra i piedi, mangiatore di avanzi? Mi sa che prima o poi dovrai fare i conti con il mio bastone. Comunque credimi: una ripassatina non ti dovrebbe far male!»

Eumeo avrebbe voluto rispondergli per le rime, ma Ulisse lo trattenne per un braccio. La sua regola era: ignorare le provocazioni e conservare le forze per quando sarebbero state necessarie.

Arrivò anche un bovaro di nome Filezio: si trascinava con una fune una vacca anch'essa destinata a finire nel menù del giorno. Legò la bestia a una staccionata, e chiese a Eumeo:

«Chi è codesto straniero? E da dove viene? Non mi sembra di averlo già visto. Dagli abiti si direbbe un accattone, eppure, a guardarne bene la figura, ha l'incedere dei re. Ti confesso che in qualche modo mi ricorda il mio padrone Ulisse e questo mi mette addosso un'infinita tristezza. La verità è che noi, qui a Itaca, abbiamo tutti nostalgia del nostro re e non ce la facciamo più a sopportare i pretendenti. Costoro non solo saccheggiano le nostre scorte, ma non hanno alcun riguardo, né per il giovane Telemaco né per noi miseri servi. Ah, se tornasse il divino Ulisse!»

A rispondere provvide lo stesso mendico.

«Parli bene, guardiano, e penso che il figlio di Laerte sarà qui prima della prossima luna. Tu stesso, ne sono sicuro, lo rivedrai all'opera.»

I Proci, intanto, discutevano su come sbarazzarsi di Telemaco. Per alcuni era inevitabile ucciderlo, per altri, invece, sarebbe stato meglio ignorarlo. Tra questi ultimi c'era Anfinomo che, per età e prestigio, veniva ascoltato con attenzione.

«Io non capisco perché volete a tutti i costi eliminare il ragazzo. Pensiamo piuttosto a mangiare e a divertirci. Se, poi, un giorno, cominciasse a darci fastidio davvero, e allora, cosa volete che vi dica: magari lo uccideremo. Per il momento, però, non vedo perché dovremmo farlo.»

Così parlò Anfinomo e dette ordine ai servi di iniziare a servire. Eumeo distribuì gli spiedini di carne, Filezio i canestri colmi di pane e Melanzio le coppe col vino. Tutti protesero ingordi le mani e cominciarono a mangiare ridendo tra loro.

Telemaco fece sedere Ulisse in un angolo del salone. Gli mise davanti un piccolo tavolo e fece in modo che non entrasse in contatto con i pretendenti. Ad Atena, però, questa collocazione appartata non andava bene. Perché il suo piano andasse a buon fine era indispensabile che nel cuore dell'eroe montasse l'odio. Ci voleva, quindi, qualcuno che lo provocasse. Pensò bene, allora, d'intrufolarsi tra i Proci e, opportunamente travestita, d'istigare uno dei più arroganti: Ctesippo, un pretendente di Same.

«O povero sventurato,» disse costui avvicinandosi al falso mendico «te ne stai qui tutto solo e nessuno di questi malvagi ti ha finora offerto qualcosa da mangiare. Ma non preoccuparti, c'è qui il tuo Ctesippo che da questo momento in poi avrà cura di te.»

Dopodiché tolse dal fuoco un cosciotto di carne e glielo lanciò addosso ancora fumante. Ulisse schivò il colpo e tutta la tavolata si sbellicò dalle risa.

Telemaco soltanto non apprezzò il gesto del principe di Same e glielo disse senza mezzi termini.

«Sei stato fortunato, o Ctesippo, a non aver ferito il mio ospite. L'avessi fatto, ti giuro, sarei stato costretto, un attimo dopo, a trafiggerti con la mia lancia di bronzo.»

Quindi, rivolgendosi a tutti gli altri, che ancora ridevano con le lacrime agli occhi, aggiunse:

«In casa mia non voglio più vedere scene come questa. Bevete pure il mio vino se vi piace, decimate pure le mie greggi se le trovate di vostro gusto, ma, per Zeus, rispettate almeno gli ospiti.»

L'uscita di Telemaco fece un certo effetto e Agelao di Damastore ne approfittò per rivolgere al giovane principe parole abbastanza ragionevoli.

«O Telemaco, hai detto cose giuste, ma devi anche ammettere che questa situazione non può continuare in eterno. Finché c'era una mezza speranza che tuo padre tornasse, era normale che la regina prendesse tempo. Oggi, però, questa speranza, diciamolo con franchezza, è del tutto svanita. Sono trascorsi troppi anni dall'incendio di Troia perché si possa ancora sperare in un ritorno di Ulisse. Va', ordunque, da tua madre e convincila a scegliersi un nuovo sposo.»

Telemaco stava per rispondere che non poteva certo essere lui a obbligare la madre al matrimonio, quando fu interrotto da Teoclimeno. Lo straniero si portò al centro del salone e si mise a urlare con quanta voce aveva in gola: sembrava che gli avesse dato di volta il cervello.

«Pazzi, siete tutti pazzi! Come fate a non accorgervi che l'ombra della morte è già scesa sulle vostre teste? Non sentite i lamenti dei moribondi? Non vedete le pareti che grondano sangue? Date uno sguardo nel cortile e vi accorgerete che è pieno di ombre dolenti, tutte in attesa di scendere nell'Ade!»

La predizione fu accolta da una risata, ovviamente omerica. Eurimaco, il figlio di Polibo, chiamò i servi perché portassero via, con la forza, l'invasato, che, nondimeno, continuava a urlare.

«O Eurimaco, non è necessario che mi cacci. Me ne andrò da solo. Ma ricordati quello che ti dico oggi. Se sei saggio, vattene via, prima che ti raggiunga la collera di colui che non perdona.»

«Mio caro Telemaco,» commentò Eurimaco, rivolgendosi al giovane principe, «nessuno è più sfortunato di te con gli ospiti: prima hai avuto il mendicante affamato, adesso ti capita il pazzo che vede ovunque morte e distruzione. Meglio per te sarebbe stato imbarcarli su una nave, per poi venderli come schiavi al primo scalo. Se non altro ci avresti guadagnato del denaro.»

Canto XXI

La gara con l'arco

Laddove si narra di come Penelope indica una gara con l'arco, mettendo se stessa in palio, e di come tutti i pretendenti non riescano a flettere l'arma. Si narra altresì di come Ulisse si riveli a Eumeo e Filezio perché lo aiutino durante la strage e di come, una volta in possesso dell'arco, riesca a centrare il bersaglio.

Se c'era un mestiere che Atena, oggi, avrebbe fatto benissimo, era quello del regista. Tutta l'*Odissea*, infatti, dal primo all'ultimo verso, risente della sua direzione. Ma è nella scena risolutiva, quella della gara con l'arco, dove diventa davvero determinante. Era stata lei, infatti, a convincere Penelope a piantarla con la manfrina della tela, quella fatta di giorno e disfatta di notte, e sempre lei a suggerirle d'indire una gara con l'arco, mettendo se stessa in palio. E perché, poi, proprio una gara con l'arco? Perché nella stanza dei tesori era conservato un vecchio arco di Ulisse che aveva una caratteristica fondamentale, quella di essere molto difficile da flettere: solo un uomo dal fisico eccezionale, o dotato di grande tecnica, come Ulisse per l'appunto, ne sarebbe stato capace. Era un dono che il figlio di Laerte aveva ricevuto dal re Ifito quando era ancora un giovane di belle speranze.

La malinconica regina prese la chiave e l'infilò nella toppa di ferro. La porta, c'informa Omero, emise un lamento simile al muggito di un toro. Una volta dentro, poi, Penelope staccò dalla parete di fondo l'arco di Ifito e, trattenendo a stento le lacrime, scese giù nel salone. Qui, tra lo stupore generale, pose l'arma e la faretra nelle mani di Eumeo. Dopodiché, sollevato il velo che le copriva il viso, fece ai suoi ospiti il seguente discorso:

«O pretendenti superbi, datemi ascolto: voi che da tempo bevete e mangiate nella mia casa senza il minimo ritegno, sappiate che finalmente mi sono decisa: seguirò l'uomo che per primo tenderà quest'arco e riuscirà a trapassare con un'unica freccia le dodici scuri.»

Seguì un lungo silenzio. Poi si udirono i pianti sommessi di Eumeo e di Filezio e subito dopo le imprecazioni di Antinoo. I due guardiani non avevano retto all'idea che la loro regina li abbandonasse per sempre, e Antinoo non sopportava che qualcuno si lamentasse per così poco.

«Stupidi e miserabili servi dal cervello più piccolo di un fagiolo, cosa avete da piangere?» sbraitò il figlio di Eupite, minacciandoli entrambi. «Pensate piuttosto a bere e a mangiare, e non date fastidio agli uomini veri. Se poi la voglia di lamentarvi è così forte, andate a sfogarvi in cortile dove nessuno vi vede.»

In verità, anche a Telemaco l'idea che la madre lo abbandonasse per seguire uno dei pretendenti non è che fosse piaciuta più di tanto.

«Ahimè,» sospirò il giovane principe «devo essere uscito di senno se continuo a bere e a mangiare mentre mia madre dichiara di volersene andare con un altro uomo. Ma ora bando ai lamenti: se è così che hanno deciso gli Dei, che si faccia pure la gara. Diamoci da fare piuttosto, e piantiamo nel legno, ben allineate, le dodici scuri, tutte prive dei manici. Vedremo chi dei nobili pretendenti riuscirà a trapassarle con un'unica freccia. E dal momento che si tratta di una gara, vorrei essere anch'io della partita.

Vorrà dire che se, per volere degli Dei, fossi il primo a colpire il bersaglio, mi verrà riconosciuto il diritto di trattenere mia madre.»

E, prima ancora che qualcuno potesse impedirglielo, prese l'arco dalle mani di Eumeo e si andò a piazzare in fondo al salone. Tre volte provò a tendere l'arma e tre volte fu costretto a desistere.

Al che Antinoo, figlio di Eupite, tirò un sospiro di sollievo. «Grazie agli Dei,» pensò, «Telemaco non ce l'ha fatta, ora potremo provare noi Proci.» Quindi aggiunse ad alta voce: «Alzatevi tutti, o compagni, e cominciando da destra, da dove s'inizia a versare il vino, brandite uno alla volta l'arco del divino Ulisse e provate a centrare il bersaglio!».

Il primo a farsi avanti fu Leode, un figlio di Enopo: era un giovanottone alto e robusto, una specie di culturista dell'epoca. Dal modo con cui strappò l'arco dalle mani di Telemaco, e da come si guardò intorno, si capì subito che era convinto di farcela al primo tentativo. Anche lui, però, fu costretto ad arrendersi: sudò, imprecò ad alta voce, provò più volte a flettere l'arco, appoggiandosi ad esso con tutto il peso del corpo, ma alla fine, avvilito, lo gettò via con rabbia.

«Non ce la faccio,» confessò «che qualcun altro provi al posto mio. Vi avviso, però, che non riuscirete tanto facilmente ad agganciare la corda alle due estremità, e che il doversi arrendere, per uno che ha il mio fisico, è davvero umiliante. Meglio, allora, scegliersi un'altra donna, magari di minori pretese, e vivere una vita lunga e tranquilla.»

Antinoo, però, non perse l'occasione per dargli addosso.

«Parla per te, o Leode: evidentemente il tuo fisico è solo apparenza. Colpa di tua madre che non ti fece arciere.»

Anche gli altri, comunque, chi al primo, e chi al quinto tentativo, furono tutti costretti ad arrendersi. Per ultimi restarono i più presuntuosi, i principi itacesi Antinoo ed Eurimaco.

Qualcuno suggerì ad Antinoo di oliare meglio l'arco e lui non se lo fece dire due volte: ordinò subito al pecoraio

Melanzio di portargli un grumo di grasso e una pelle di pecora con cui strofinare il legno dopo averlo oliato. Poi, una volta sciolto il grasso al calore di un camino, ne spalmò alcuni pezzi sull'arma.

Mentre Antinoo si dava da fare per ammorbidire l'arco, Ulisse fece un cenno a Eumeo e a Filezio perché lo seguissero in cortile e, una volta all'aperto, decise di abbandonare ogni precauzione e di dire chi era.

«Tu, guardiano dei porci, e tu bovaro, ascoltatemi con attenzione. A essere sincero non sono del tutto sicuro se fidarmi di voi o lasciarvi all'oscuro di quello che sta per accadere. Prima, però, vorrei conoscere i vostri sentimenti. Rispondete, quindi, con sincerità alle mie domande: se in questo momento tornasse il vostro padrone, nel pieno delle sue forze, e attaccasse tutti i pretendenti, voi vi battereste per lui sino a rischiare la vita, o andreste a nascondervi in attesa di sapere a chi è toccata la vittoria? E continuereste a battervi anche se i Proci fossero in molti e lui uno soltanto?»

«E come puoi dubitarne!» rispose, quasi offeso, Filezio. «Fallo tornare e io ti mostrerò quanto valgono le mie mani. Anche l'amico Eumeo, che io sappia, la pensa come me.»

Ulisse, allora, non ebbe più esitazioni: si strappò il cencio che gli copriva buona parte del capo e, con l'aiuto della Dea Atena, si mostrò com'era in realtà, ovvero forte e bello.

«Eccomi qua: sono io, sono Ulisse, sono tornato!»

Infine, per togliere loro qualsiasi ombra di dubbio, mostrò la sua carta d'identità, ovvero la cicatrice che aveva sulla coscia. Immaginiamoci la reazione dei due servi: si gettarono a terra e gli baciarono i piedi piangendo.

Ulisse, però, li fece subito rialzare.

«Amici miei: non abbiamo tempo da perdere. Smettetela di piangere e prestatemi ascolto. Tra poco la gara sarà terminata. A quel punto tu, Eumeo, mi porgerai l'arco e tu, Filezio, andrai a chiudere la porta che dà sul cortile. Prima, però, ordina alle ancelle di chiudere con sbarre di ferro tutte le altre porte, in particolare quelle che danno ai piani superiori.»

Intanto nel salone era giunto il turno di Eurimaco. Anche lui, come aveva appena visto fare ad Antinoo, passò e ripassò l'arma sulla fiamma di un camino per dar modo al grasso di sciogliersi, ma nemmeno in questo modo riuscì a flettere l'arco. Eppure, a detta di tutti, era il più forte tra i pretendenti. Sembrava quasi che una divinità invisibile avesse deciso d'impedire all'arma la benché minima flessione.

«Per me» esclamò amareggiato «è un disonore non essere stato capace di armare l'arco! E non tanto per la sposa che in tal modo mi sfugge, quanto per il fatto di non riuscire in una cosa dove invece il vecchio Ulisse era maestro. Temo che il ricordo di questa sconfitta mi perseguiterà a lungo nella vita.»

«Non dartene pensiero, o Eurimaco» lo confortò Antinoo. «Oggi è la festa di Apollo. Evidentemente il Dio non è dalla nostra parte. Ma questo non deve scoraggiarci più di tanto: vorrà dire che continueremo a gareggiare domani. E adesso bando alle malinconie: consoliamoci bevendo e mangiando a sazietà.»

Dal fondo, però, si levò una voce.

«Ascoltatemi, vi prego.»

Era Ulisse, tornato di nuovo nei suoi stracci di mendico. Avanzò al centro del salone e con voce dimessa, quasi a chiedere scusa, provò a dire:

«O pretendenti della gloriosa regina, domani, come giustamente ha detto il vostro Antinoo, verrà ripresa la gara e questa volta Apollo darà la forza a chi di voi saprà meritarsela. Oggi, però, umilmente vi chiedo: lasciate che provi anch'io a tendere l'arco, anche se non ho più il vigore di un tempo.»

I Proci reagirono infastiditi, e in particolare Antinoo trovò scandaloso che un mendicante pidocchioso come quello potesse essere così sfrontato da voler gareggiare con la migliore gioventù dei dintorni.

«O miserabile pezzente, devi essere davvero un presuntuoso se osi confrontarti con noi! Non ti basta aver mangiato alla nostra mensa? Adesso vorresti anche gareggiare alla pari, e magari, perché no, aspirare alla mano della divina Penelope? Sparisci, prima che io dica ai servi di metterti in catene e di venderti come schiavo al re Echeto, flagello degli uomini.»

Ma Penelope intervenne subito in difesa del mendicante.

«O Antinoo, figlio di Eupite, non è bello ingiuriare un ospite di mio figlio. E poi: non vedo che cosa ci sia di male se anche lo straniero prova a tendere l'arco. Temi forse che un vecchio mendicante possa riuscire lì dove voi giovani ricchi avete fallito? Porgetegli, ordunque, il lucido arco e guardiamo tutti insieme cosa è capace di fare.»

Ma Telemaco si sentì scavalcato dalla regina e ritenne opportuno dire la sua:

«O madre, spetta a me decidere, chi deve e chi non deve gareggiare. Lo straniero, se vuole, può provare a tendere l'arco, ma sia chiaro che sono stato io, e non tu, a dargli il permesso. Queste, comunque, sono faccende da uomini. Tu e le tue ancelle, di grazia, tornate nelle vostre stanze e badate al fuso e al telaio, che alle armi pensiamo noi.»

Uscita Penelope, Eumeo consegnò a Ulisse l'arco e la faretra. L'eroe brandì l'arco con la destra e senza il minimo sforzo fissò il budello di pecora alle due estremità. Poi tolse una freccia dalla faretra, tese lentamente l'arco e, dopo aver mirato per non più di un secondo, attraversò tutte e dodici le scuri. Infine, con voce calma, disse a Telemaco:

«E ora servite la cena.»

Era il segnale convenuto: Telemaco brandì una lancia di bronzo, sfoderò la spada e si mise a fianco di suo padre.

Canto XXII
La strage

Laddove si narra come Ulisse, impossessatosi dell'arco fatale, uccida tutti i pretendenti e buona parte delle ancelle infedeli. Aiutato in questo da suo figlio Telemaco, dai guardiani Eumeo e Filezio, e soprattutto dalla Dea Atena.

Noi cristiani, cresciuti nell'ideologia del perdono, questo ventiduesimo canto non lo dovremmo nemmeno leggere. Già dalle prime righe, infatti, ci si rende conto che il «perdonismo» non doveva essere molto di moda a quell'epoca. Ulisse non si limita a uccidere tutti quelli che in qualche modo lo hanno oltraggiato, infierisce anche su chi ha partecipato ai banchetti e alle orge, e quindi anche sui servi, sugli aedi e sulle ancelle. Soprattutto su queste ultime in quanto compagne notturne degli odiati pretendenti. Prepariamoci, ordunque, a nuotare in un mare di sangue.

Liberatosi dai cenci, il nostro eroe si piazzò in un punto strategico del salone, su un piano rialzato in modo da dominare dall'alto tutti i nemici. Prima di aprire le ostilità, però, volle inviare un messaggio augurale ad Apollo. Era il giorno di festa del Dio e tanto valeva tenerselo amico.
«La gara è finita,» proclamò a gran voce «e ora, con l'aiuto di Apollo, il Dio degli arcieri, cambierò bersaglio.»

Detto fatto, come prima vittima scelse Antinoo. Era quello che più di tutti gli stava sullo stomaco: oltretutto si era sempre dato delle arie da padreterno. Tanto valeva farlo fuori per primo. Gli trafisse il collo mentre stava ancora brindando:

> Colpito si ripiegò indietro, la tazza gli cadde
> di mano, subito gli venne denso alle nari un fiotto
> di sangue umano, spinse lontano da sé
> con un calcio la mensa, rovesciò i cibi per terra.
> (*Odissea*, XXII, 17-20, Mondadori, trad. A. Privitera.)

Un urlo di raccapriccio si levò dai pretendenti. Era morto un loro leader. Non tutti, però, si resero conto delle vere intenzioni di Ulisse. Alcuni pensarono a una disgrazia, ovvero a una freccia partita per sbaglio dall'arco del mendico.

«Straniero,» lo minacciò uno dei pretendenti «hai commesso un errore che non ti possiamo perdonare: ora tocca a te morire.»

Ma Ulisse gli chiarì subito le idee: innanzitutto recuperò le sue sembianze di sempre, quindi armò l'arco con una seconda freccia, e infine lanciò in aria il suo grido di guerra.

«Tremate, o maledetti, io sono Ulisse, il re di Itaca! Voi che avete divorato i miei beni, voi che avete insidiato la mia sposa, voi che avete costretto le mie ancelle a entrare nei vostri sozzi letti, sappiate che la festa è finita! La vostra ora è suonata! Pensavate che non sarei più tornato. E invece eccomi qui, più forte di prima, e soprattutto più deciso che mai a farvi pagare tutto il male che mi avete fatto!»

Eurimaco fu il primo a rendersi conto di come si erano messe le cose e cercò un onorevole compromesso.

«Se davvero sei Ulisse, il figlio di Laerte, è giusto quanto hai detto. Ma ormai chi ti ha offeso non è più tra i vivi. Era Antinoo il tuo unico nemico, era lui che t'insidiava la sposa, e non perché conquistato dalla sua bellezza, il che sarebbe stato anche comprensibile, ma perché intendeva impadronirsi del trono. Era lui a ordire gli agguati mortali contro tuo figlio Telemaco. Adesso, però, che è sceso negli Inferi, risparmia tutti gli altri. Ognuno di noi ti restituirà quanto ha bevuto e mangiato, e in più ti regalerà venti vacche, e tanto oro e tanto bronzo da placare il tuo cuore per tutto il resto della vita.»

La risposta di Ulisse fu una seconda freccia quanto mai precisa: colpì Eurimaco al centro del torace, e al giovane itacese «scese l'ombra negli occhi».

La morte di Eurimaco spaventò tutti gli altri: Anfinomo cercò di avventarsi su Ulisse, ma fu a sua volta colpito alle spalle dalla lancia di Telemaco. Stessa fine fecero i due servi di Eurimaco: avevano tentato di vendicare il loro padrone ed erano rimasti infilzati da due frecce scagliate da Ulisse a brevissima distanza l'una dall'altra.

A questo punto i Proci volsero lo sguardo alle pareti: speravano di trovare qualche lancia o, quanto meno, uno scudo con il quale ripararsi, ma, come sappiamo, il giorno prima Telemaco aveva portato via tutte le armi. Non potevano, quindi, fare altro che rovesciare i tavoli e accovacciarsi per terra.

«Padre,» disse Telemaco «vado di sopra a procurarti altre lance.»

«Sì, ma fai presto,» si raccomandò Ulisse «e torna prima che mi finiscano le frecce.»

Dietro Telemaco, però, s'infilò anche Melanzio, e, mentre il figlio di Ulisse si era limitato a prendere quattro scudi, otto lance e quattro elmi, il guardiano di pecore se ne uscì con dodici scudi, dodici lance e altrettanti elmi. L'unico ad accorgersene fu Ulisse che subito mise in allarme i suoi.

«Prendete quel maledetto di Melanzio e legatelo con robuste corde, ma vi scongiuro, amici, non me lo uccidete. Desidero che muoia quanto più lentamente possibile. Impiccatelo pure, se proprio lo desiderate, ma con un cappio sufficientemente largo da non farlo morire subito. Poi, in un secondo momento, provvederò io stesso a ucciderlo.»

A questo punto, anche se aveva iniziato alla grande, per Ulisse le possibilità di uscirne vincitore non erano poi molte. I Proci, infatti, pur non essendo armati, erano pur sempre un'ottantina, laddove lui, al massimo, poteva contare sul figlio Telemaco, e sui due guardiani, Eumeo e Filezio, che tutto erano tranne che esperti guerrieri. Certo è, che se avesse avuto tra le mani un mitra, ce l'avrebbe fatta a farli fuori con un'unica sventagliata. Ma con l'arco non era affatto facile fronteggiare un così alto numero di nemici: tra armarlo, tenderlo, e scoccare la freccia, passava tanto di quel tempo che i Proci, volendo, avrebbero potuto saltargli addosso tutti insieme e disarmarlo. Sennonché, quando meno se l'aspettava, ecco venirgli in aiuto un vecchio amico di famiglia: il buon Mentore. Ovviamente, non di Mentore si trattava, ma della solita Atena, la Dea dagli occhi lucenti.

«Dacci dentro, figlio di Laerte» lo incoraggiò. «Non vorrei che avessi perso quel sacro furore che ti animava quando combattevi sotto le mura di Troia. Lì rischiavi la vita per l'onore di Elena dalle candide braccia. Qui, invece, lo devi fare per la sposa fedele e per il tuo unico figlio maschio. Mi aspetto, quindi, da parte tua il massimo dell'impegno.»

Ulisse, però, non fece in tempo a rassicurarla che la Dea luminosa sparì all'improvviso, per poi riapparire, sotto forma di rondine, su una trave del soffitto.

Nel frattempo Eurinomo, Anfimedonte, Pisandro e Demoptolemo scagliarono le lance portate da Melanzio contro l'eroe, ma tutte e quattro le aste furono deviate dalla rondine. Poi ci riprovarono con altre quattro lance, e ancora una volta la Dea con un impercettibile battito di ali ne deviò le traiettorie. Per contro, ogni qualvolta Ulisse o Telemaco scagliavano un'arma, lei faceva in modo che questa centrasse il bersaglio.

Da questo momento in poi Omero cessa di essere un poeta epico e diventa un contabile meticoloso. Eccone un esempio:

Ulisse colpì Euridamante in mezzo alla fronte.
Telemaco conficcò una lancia nel cuore di Anfimedonte.
Eumeo trafisse Polibo nel fegato.
Filezio colse in pieno petto Ctesippo e se ne vantò.
«O figlio di Politerse,» gli sbraitò addosso mentre il disgraziato esalava l'ultimo respiro, «così ti ripago per quella coscia di bue che osasti lanciare in faccia al mio padrone.»

Ma continuiamo l'elenco:
Ulisse trafisse nei polmoni Agelao.
Telemaco colpì al ventre Leocrito.
Eumeo piantò un'ascia tra le scapole di Eurinomo.
Filezio conficcò la lancia nell'inguine di Pisandro.
Il tutto tra urla, lamenti, bestemmie, tavoli rovesciati, cocci di vasellame infranto e schizzi di sangue.
I Proci furono presi dal panico: cercarono invano una via di uscita ma, uno alla volta, vennero giustiziati dall'Inesorabile. Tra i tanti, vanno ricordati Elato, Euriade e Demoptolemo, tutti nativi di Itaca. Ci furono anche scene penose, come quella di Leode che si gettò ai piedi di Ulisse per chiedergli pietà.
«Ti scongiuro, o divino,» lo supplicò abbracciandogli le ginocchia, «abbi pietà di me: non ho mai detto né fatto nulla di male alle tue donne. Anzi, ero io il primo a esortare gli altri perché le rispettassero. Loro, però, non mi davano ascolto: più io li scongiuravo e più molestavano le ancelle. Non è giusto ora che anch'io debba pagare per le loro colpe.»
«Ti considero alla stregua di tutti gli altri» rispose Ulisse. «Anche tu hai mangiato e bevuto a sbafo per tre lunghissimi anni.»
E con un solo colpo di spada gli recise la testa. Racconta Omero che la testa del disgraziato, anche dopo essere stata recisa, continuò per qualche secondo a chiedere pietà.
Se la cavarono, invece, alcuni personaggi minori, come ad esempio l'aedo Femio e l'araldo Medonte: avevano, sì, partecipato ai festini, ma solo perché vi erano stati costret-

ti dai pretendenti. Telemaco intercesse per loro e Ulisse li graziò.

«Ma toglietevi di torno» aggiunse «prima che ci ripensi e vi faccia fuori.»

Poi venne il turno delle donne. Ulisse convocò Euriclea e le chiese:

«Dimmi, madre, chi delle ancelle tradì la tua fiducia e chi, invece, rimase fedele alla famiglia.»

Ed Euriclea, che in quanto a spietatezza non aveva nulla da invidiare al suo padrone, si affrettò a denunciare:

«In verità meriterebbero quasi tutte la morte, ma di esse, dodici furono tremende: non ebbero alcun rispetto né di me né della tua sposa divina. Noi le avevamo educate al lavoro e all'ubbidienza, e loro, per contro, non appena ne hanno avuto la possibilità, se la sono spassata con i pretendenti, bevendo e fornicando senza pudore.»

Ulisse, allora, convocò le dodici incriminate, e chiese loro di mettere in ordine il salone che era tutto imbrattato di sangue. Le poverine, mentre con le spugne ripulivano il pavimento, piangevano a dirotto: avevano intuito che per loro le cose si stavano mettendo male. L'eroe, infatti, non appena si accorse che avevano finito le pulizie, ordinò a Eumeo e a Filezio di appenderle a una trave del soffitto. Le sventurate scalciarono un po' in aria e poi, per usare un'espressione omerica, iniziarono la loro discesa nel mondo delle tenebre.

Per ultimo restò Melanzio. Ulisse, però, a quel punto era stanco di uccidere: si limitò quindi a tagliargli il naso, le orecchie, le mani e i piedi. A finirlo, invece, provvidero Eumeo e Filezio che prima gli strapparono i genitali per darli in pasto ai cani, e poi gli conficcarono una lancia nello stomaco.

Dulcis in fundo (anche se è difficile da credere), a Ulisse venne voglia di piangere.

Canto XXIII

Un letto e un albero

Laddove si narra di come Penelope si rifiuti di credere che Ulisse sia tornato, e di come tale dubbio continui a tormentarla anche dopo averlo visto. Si narra, infine, di come Ulisse riesca a convincerla, descrivendole con la massima esattezza il letto matrimoniale.

Questo è il canto della diffidenza e della paura di essere felici. È il canto di chi non crede ai propri occhi. È il canto dove una notizia troppo bella, magari proprio perché è troppo bella, non viene creduta.

«Svegliati, figlia mia, svegliati!» esclamò Euriclea al culmine della felicità, entrando di corsa nella stanza da letto di Penelope. «Ulisse è tornato! Ha ucciso tutti i pretendenti e tra poco verrà da te!»

Penelope aprì gli occhi e guardò la vecchia nutrice con aria severa.

«Madre,» le disse «perché mi strappi da un sogno dolcissimo, il primo, forse, che ho fatto da quando il divino Ulisse mi lasciò per andare a Troia? Perché ti fai beffe di me, sapendo che il mio cuore ogni giorno sanguina per lo sposo lontano? Se una delle ancelle mi avesse svegliata in questo modo, l'avrei punita molto severamente. Solo la tua età m'impedisce di farlo.»

«Ma Ulisse è tornato» protestò Euriclea.

E la regina si rifiutò di crederle. Unica sua reazione fu un sentimento di compassione verso la nutrice: «Poveretta,» pensò «le deve essere partito il cervello!».

«Gli Dei,» sentenziò Penelope «quando vogliono, possono togliere il senno ai saggi e ridare la ragione agli stolti.»

Euriclea, però, non aveva alcuna intenzione di arrendersi: prese la regina per le spalle e cominciò a scuoterla come se l'avesse voluta svegliare.

«Credimi, o divina, è vero: Ulisse è tornato! Era quello straniero vecchio e cencioso che i pretendenti insultavano. Solo Telemaco lo sapeva, ma ha preferito non dirlo a nessuno per dargli modo di vendicarsi dei Proci.»

Penelope sorrise, quasi che in lei abitassero due donne: una che desiderava credere, e un'altra che aveva paura di restare delusa. A ogni modo, fosse vera o no la notizia del ritorno di Ulisse, la regina abbracciò teneramente Euriclea per poi rimproverarla con affetto.

«Non essere ingenua, o madre. Dici assurdità incredibili e non te ne rendi conto: se il mio sposo fosse tornato sarei stata io la prima a saperlo, anche perché sarei stata la prima persona che avrebbe voluto abbracciare. Non capisco, poi, come avrebbe fatto, da solo, a uccidere tutti i pretendenti.»

«Questo non lo so neanch'io: non ero nel salone quando li ha uccisi. Mi hanno chiusa in una stanza insieme a tutte le ancelle. Ho udito però le urla e i lamenti dei moribondi. Poi sono entrata e ho visto: stava in piedi tra i cadaveri e aveva ancora l'arco in una mano: era bello come un Dio e tutto sporco di sangue. Sembrava un leone che aveva appena sbranato un gregge di pecore. È lui che mi ha mandato da te ad annunziarti la buona novella. Corri subito nel salone, abbraccialo e gioite insieme.»

Ma nemmeno quest'ultima frase convinse Penelope:

continuò a guardare Euriclea come se le avesse dato di volta il cervello, e la vecchia nutrice, da parte sua, si affannò a darle altri ragguagli nel tentativo di convincerla.

«Come puoi non credermi? Ho visto anche la sua cicatrice, quella che ha sopra il ginocchio, quella che gli inferse il cinghiale quando andò a caccia sul Parnaso. La scoprii l'altro giorno, mentre gli stavo lavando i piedi, e te l'avrei anche detto se lui non mi avesse tappato la bocca. Se ti sto ingannando, ti prego, fammi morire di una morte atroce.»

«Mia buona Euriclea, tu non sai quello che possono fare gli Dei allorquando decidono di punire un mortale. L'uomo che tu hai visto nel salone, tutto sporco di sangue, non era Ulisse, ma un Dio che, stanco della prepotenza dei Proci, li ha voluti castigare per i loro eccessi: ha preso le sembianze del mio augusto sposo, cicatrice compresa, e li ha uccisi tutti, dal primo all'ultimo. Ora, però, non voglio contrariarti più di tanto: anche se non credo a una parola di quello che hai detto, desidero vedere con i miei occhi i pretendenti morti e colui che li ha uccisi.»

Quando Penelope vide Ulisse non corse ad abbracciarlo: si andò a sedere in un angolo del salone senza fare commenti, il che, ovviamente, scatenò l'indignazione di Telemaco.

«O madre sciagurata, è questo il modo di accogliere un uomo che per tornare da te ha tanto sofferto? Nessun'altra donna sarebbe rimasta impassibile dopo venti anni di attesa! Devi proprio avere un cuore di pietra se te ne stai seduta immobile e silenziosa!»

«A essere sincera, figlio, ho l'animo smarrito. Se davvero quest'uomo che ho davanti è tuo padre, prima o poi lo riconoscerò. Per il momento, scusami, ma non me la sento di abbracciarlo. Ci sono cose che solo io e lui conosciamo e forse saranno proprio queste cose a convincermi.»

Ulisse sorrise: la prudenza di sua moglie gli parve una ulteriore prova di fedeltà.

«Non preoccuparti, o Telemaco:» disse al figlio «non mettiamo fretta a tua madre. Dopo venti anni di attesa non sarà certo un'ora in più o un'ora in meno a preoccuparmi. Non ti dimenticare, infine, che sono ancora tutto coperto di cenci. Nemmeno io, se mi guardo a uno specchio, riesco a riconoscermi. Pensiamo piuttosto a festeggiare la vittoria. Che nessuno diffonda la notizia della morte dei Proci. Ognuno si lavi e indossi i suoi abiti più belli. L'aedo canti e ci guidi alla danza. È preferibile che in città, per il momento, si pensi a un nuovo banchetto piuttosto che a una strage.»

Eurinome lavò e unse d'olio Ulisse per poi fargli indossare una tunica bianca e un ricco mantello. A sua volta la Dea Atena lo rese più bello, più alto e più forte. I capelli, radi e grigi, divennero biondi e ricciuti. Quando uscì dalla vasca, sembrava davvero un Dio.

Penelope, a vederlo in quella splendida forma, fu presa da un tremito. Istintivamente avrebbe voluto gettargli le braccia al collo, ma non voleva cadere vittima di un ennesimo inganno. Troppe volte l'avevano illusa con falsi racconti e troppe volte aveva pianto per la delusione. Volle perciò fare un'ultima verifica: finse di credergli e lo invitò a sdraiarsi sul letto matrimoniale.

«Adesso Ulisse è stanco:» disse alle ancelle «fatelo dormire. Ma mi raccomando: portate il nostro letto all'aperto in modo che possa respirare l'aria della sera, avendo cura, però, di coprirlo di coperte di lana, pelli di pecora e tappeti colorati perché non prenda freddo.»

«All'aperto?!» esclamò Ulisse. «Che io sappia nessun uomo potrà mai spostare il mio letto, a meno che non tagli il tronco su cui l'ho costruito. Venti anni or sono, nel cortile superiore della reggia, c'era un ulivo. Quando mi sposai con queste mani vi costruii sopra il talamo. Recisi la chioma dalle foglie sottili, ne sgrossai il tronco, lo piallai con un'ascia e poi, al suo interno, tesi decine e decine di cinghie di cuoio. Tutto intorno, infine, con pietre ben levigate eressi delle mura per poi stenderci sopra un tetto. Ora, se qualcuno ha spostato il talamo, vuol dire che ne ha anche reciso la base!»

Era la prova che Penelope attendeva: quello era Ulisse. Solo lui poteva conoscere il segreto del letto. Attraversò allora di corsa il salone e gli gettò le braccia al collo. Poi si mise a baciarlo sulle labbra, sulle guance, sul collo e sugli occhi. E rideva, e piangeva, e poi rideva e piangeva ancora. Ma anche lui non riuscì a resistere alla commozione e anche lui si mise a piangere e a ridere. Sembrava proprio che non si potessero più staccare l'una dall'altro.

Quando venne la notte si amarono teneramente, e Atena, la Dea dagli occhi lucenti, perché potessero amarsi ancora più a lungo, prolungò di qualche ora la notte. Intrattenne con delle chiacchiere la Dea Aurora in modo che ritardasse a prendere dalla stalla i cavalli Lampo e Fetonte, quelli con i quali ogni giorno annunziava il mattino.

Fossi stato Omero, io l'*Odissea* l'avrei chiusa qui.

Canto XXIV

Laerte

Laddove si narra di come Agamennone e gli altri capi Achei accolgano i Proci nell'Ade, di come Ulisse informi il padre Laerte del suo ritorno, e di come la Dea Atena riesca a bloccare un nuovo conflitto tra Ulisse e i parenti dei Proci.

Quando si pensa al Paradiso ognuno s'immagina un giardino popolato di anime, tutte vestite di bianco, e tutte dedite alla conversazione. Ebbene Omero, grosso modo, se lo immaginava anche lui così: un prato coperto di asfodeli con un gruppo di anime sedute per terra che conversavano piacevolmente tra loro, commentando ciascuna la propria fine. C'era chi si lamentava di essere morto troppo giovane, chi del tipo di morte, e chi del comportamento dei parenti nei giorni successivi al decesso. Tra le anime citate nel ventiquattresimo canto, il poeta ricorda quelle di Achille, Patroclo, Agamennone, Antiloco e Aiace Telamonio.

«O figlio di Atreo,» diceva Achille ad Agamennone «noi tutti eravamo convinti che tu fossi caro a Zeus finché non abbiamo appreso della tua triste fine. Meglio per te sarebbe stato morire con le armi in pugno sulle spiagge di Troia. Almeno lì ti avremmo eretto un tumulo altissimo, degno della tua fama.»

«O Achille, simile a un Dio: beato te che sei morto su un campo di battaglia! Ricordo che quando trasportammo il tuo corpo sulle nere navi, prima ti lavammo accuratamente con acqua tiepida, poi ti cospargemmo d'olio e infine ti deponemmo sul letto funebre. E lì, verso sera, giunse anche tua madre con uno stuolo di ninfe piangenti. Le urla di Teti spaventarono a tal punto i Danai che più di uno fuggì terrorizzato. Fu poi il saggio Nestore, se ben ricordo, a bloccare i più pavidi. Per diciassette giorni e diciassette notti ti piangemmo con calde lacrime, dopodiché demmo il tuo corpo alle fiamme insieme a un gregge di pecore e a molti buoi dalle corna lunate. Oggi le tue ceneri, insieme a quelle di Patroclo, riposano in un'anfora d'oro, opera del glorioso Efesto. Del tutto diversa, invece, la mia fine: fui ucciso tra le mura di casa dalla sposa infedele e dal suo ganzo Egisto.»

Al ricordo della propria morte, Agamennone scoppiò in un pianto dirotto, e tutti, nel vedere un condottiero di quel calibro piangere come un bambino, restarono alquanto imbarazzati. Quand'ecco arrivare le anime dei Proci: erano appena trapassate e seguivano a breve distanza Hermes, il Dio dalla verga d'oro. Gli svolazzavano intorno come pipistrelli che si erano appena staccati dalla roccia dov'erano rimasti, chissà per quanto tempo, in attesa, e sempre a testa in giù. Per giungere fin al prato degli asfodeli avevano dovuto superare il fiume Oceano, la Rupe Bianca, le porte del Sole e il Paese dei Sogni.

Agamennone riconobbe Anfimedonte, figlio di Melaneo, suo amico da sempre.

«Come mai» gli chiese «siete giunti, così giovani, in questi lidi inzuppati di lacrime? È stato forse Poseidone a travolgervi con un'improvvisa ondata? O vi hanno ucciso gli abitanti di una città che intendevate saccheggiare? Rispondimi con sincerità, o Anfimedonte, e ricordati che venti anni or sono fui ospite di tuo padre Melaneo allorché venni a Itaca per convincere Ulisse a partire per la guerra.»

«O divino figlio di Atreo,» rispose Anfimedonte «mi meraviglio che quaggiù non sappiate nulla di ciò che accade sulla terra...»

«E difatti nulla sappiamo. Tu, però, adesso, puoi aggiornarci su quanto è accaduto.»

«In verità,» precisò Anfimedonte «il sommo Zeus, signore del cielo e delle nuvole, non fu molto generoso con le nostre giovani vite.»

«E voi che cosa avevate fatto di male per rendervelo nemico?»

«Nulla in verità, ma è bene che ti racconti tutto fin dall'inizio, poi, magari, sarai tu stesso a giudicare da che parte si trovi il torto.»

Le anime degli eroi si disposero tutte intorno ad Anfimedonte, curiose, com'erano, di conoscere qual era stato il destino dei Proci e, in particolare, quello del loro compagno d'arme Ulisse. Il figlio di Melaneo, una volta ottenuta l'attenzione generale, dette inizio al suo racconto.

«Non essendo più tornato da Troia il re di Itaca Ulisse, noi giovani Proci, chi più chi meno, cominciammo a corteggiare la sua sposa, la bella Penelope. Era nostro desiderio convolare a giuste nozze con lei e regnare sull'isola in pace e prosperità. La seducente regina, dal canto suo, pur non rifiutando le nostre proposte, nemmeno le accettava: si limitava a dire che avrebbe deciso solo dopo aver terminato una tela in onore del vecchio Laerte. Noi, però, grazie a una delle sue ancelle, scoprimmo che la divina di giorno tesseva la tela e di notte la disfaceva. Ebbene, questa presa in giro durò tre lunghissimi anni, e stava per iniziare il quarto, quando tornò Ulisse. Costui, però, invece di annunziare il suo arrivo, come avrebbe dovuto, dopodiché ce ne saremmo andati buoni e tranquilli ognuno a casa sua, si travestì da mendico e si intrufolò nei nostri banchetti con la scusa di chiedere del cibo. Noi, purtroppo, vedendolo così malvestito e cencioso, non lo riconoscemmo e lo ingiuriammo pesantemente, finché un giorno funesto Penelope ci invitò a partecipare a una gara con l'arco: chi di noi avesse centrato il bersaglio sarebbe diventato il suo sposo. Ci provammo un po' tutti, ma nessuno fu capace di tendere l'arco. Solo il falso mendico vi riuscì, e, una volta in possesso dell'arma, ci uccise tutti, l'uno dopo l'altro, approfittando anche del fatto che eravamo disarmati.»

«Che grande donna Penelope!» non poté fare a meno di esclamare Agamennone, contrapponendola in cuor suo a Clitennestra. «Beato il figlio di Laerte che ha avuto la fortuna di averla come sposa!»

Interessante, comunque, la versione della strage vista con gli occhi di uno dei perdenti. Loro, poverini, a detta di Anfimedonte, volevano solo sposare Penelope e governare Itaca in pace e prosperità. A comportarsi in modo disonesto era stato, invece, quel figlio di buona donna di Ulisse che con i suoi travestimenti e i suoi raggiri li aveva massacrati tutti a tradimento.

Ma torniamo a Itaca. Sempre con Telemaco, Eumeo e Filezio al seguito, Ulisse si recò in campagna dal padre Laerte. Il vecchio non c'era: era andato a lavorare nei campi, e non c'era nemmeno Dolio, il più anziano dei suoi servi. L'unica persona che trovarono in casa fu una vecchietta di origini sicule addetta alle pulizie.

Ulisse allora ordinò ai suoi:

«Entrate in questa casa ben costruita e preparate un bel pranzo. Magari uccidete il maiale più grasso che trovate nel porcile. Io nel frattempo andrò nei campi a cercare mio padre: sono curioso di vedere se mi riconosce.»

E difatti lo trovò che zappava il terreno intorno a una vite. Il suo aspetto era davvero miserevole: aveva indosso una tunica tutta strappata, due gambiere di cuoio per difendersi dalle spine e un berretto di pelle di capra bucato in più punti dalle tarme. Nessuno avrebbe detto che quell'anziano contadino, da giovane, era stato uno dei re più temuti della Grecia. Ulisse fu incerto se dirgli subito la verità, o se «metterlo alla prova», come del resto aveva già fatto con sua moglie. Poi ebbe il sopravvento la ben nota predilezione per le sceneggiate e dette inizio a un nuovo racconto.

«O vecchio,» cominciò a dire «sei di certo più bravo a occuparti degli alberi che non della tua persona. Qui intorno non si vede un fico, una vite, un olivo o un pero che non sia stato ben curato. Per contro il tuo aspetto è simile a quello di un accattone: sei sporco e malvestito. Eppure, a guardarti bene, potresti essere stato in gioventù anche un re o un condottiero. Di chi sei servo, allora, mi chiedo? Rispondimi con franchezza. E di chi sono questi frutteti? E questa è davvero la bella Itaca ricca di sole? Ed è ancora vivo quell'itacese che alcuni anni or sono venne a trovarmi in Sicilia? Lui disse di essere l'unico figlio del divino Laerte, e io, a mia volta, fui molto generoso quando se ne andò: gli donai sette talenti d'oro, una coppa d'argento, dodici mantelli di lana, dodici tappeti e quattro bellissime schiave, tutte esperte in lavori domestici.»

A queste parole il vecchio Laerte si commosse.

«Questa è Itaca, o straniero, e l'uomo di cui parli era mio figlio Ulisse. Purtroppo partì venti anni fa per Troia e non è più tornato. Con ogni probabilità il suo corpo adesso giace in fondo al mare o è stato divorato da qualche belva feroce. Io l'ho pianto a lungo e più di me lo ha pianto la sua sposa gentile, la saggia Penelope. Ma ora basta con le lacrime e parlami di te. Dimmi chi sei? Chi sono i tuoi genitori? Da dove vieni? Come sei arrivato a Itaca? Con una nave tua o con una nave che ti ha sbarcato e poi è ripartita?»

«Il mio nome è Eperito e sono figlio del re Afidante» rispose Ulisse, esibendosi nel suo hobby preferito, quello di raccontare frottole. «Vengo da Alibante. Un demone, mio malgrado, mi ha sospinto fin qui, sulle spiagge di Itaca ricca di sole. Cinque anni or sono, nella mia terra, incontrai il divino Ulisse. Quel giorno, ricordo, gli uccelli volavano tutti verso destra, il che dovrebbe essere di buon auspicio per lui e per quelli come me che gli vogliono bene. Mi piacerebbe, però, che c'incontrassimo di nuovo per poterci scambiare ancora dei doni.»

Più l'eroe parlava e più il vecchio piangeva, finché perfino Ulisse si commosse.

«Frena il tuo pianto, o padre!» esclamò tendendogli le braccia. «Sono io! Sono tuo figlio Ulisse! Ho ucciso tutti i pretendenti che occupavano la reggia!»

Sennonché, puntualmente, ancora una volta non venne creduto. Laerte lo guardò incredulo, con sospetto, e si rifiutò di abbracciarlo.

«Se sei davvero Ulisse, raccontami qualcosa della tua vita che mi possa convincere.»

«Guarda tu stesso la mia coscia: questa è la ferita che mi feci andando a caccia con mio nonno Autolico. Fu un cinghiale a ferirmi con le sue zanne bianche. E questo è il frutteto che hai sempre curato. Se ben ricordo, ci dovrebbero essere tredici peri, dieci meli, quaranta fichi e cinquanta filari di viti.»

Più che la cicatrice fu l'esatto computo degli alberi del frutteto a convincere il vecchio Laerte: quello era davvero suo figlio. Si gettarono allora l'uno nelle braccia dell'altro, e a Laerte, per dirla con Omero, si sciolsero le ginocchia.

Nel frattempo a Itaca accadeva di tutto. La notizia della strage si era sparsa un po' dovunque, in città come in campagna. I parenti degli uccisi erano in subbuglio. In particolare Eupite, il padre di Antinoo, era letteralmente fuori di sé dalla rabbia. Corse alla reggia per recuperare il corpo del figlio, quindi si armò da capo a piedi e indisse una riunione generale in piazza.

«O Itacesi,» disse al popolo «è aberrante ciò che ha fatto in questi ultimi anni il figlio di Laerte: prima ha portato con sé, a Troia, molti dei nostri figli, il fior fiore della gioventù di Itaca, senza riportarne indietro nessuno; poi è tornato di nascosto, travestito da mendico, e ne ha ucciso degli altri. Andiamo subito a vendicarli, prima che ci possa scappare di nuovo.»

Non tutti, però, erano del suo parere; tra questi c'era anche il vecchio Aliterse, uno dei pochi a Itaca in grado di predire il futuro.

«Ascoltate anche me, o Itacesi» sentenziò l'indovino. «Quello che è successo ai Proci non è tanto da imputare al divino Ulisse quanto alla vostra indifferenza. È vero, sì, che il figlio di Laerte ha ucciso tutti i pretendenti, ma è anche vero che costoro da tre anni a questa parte gli stavano divorando i suoi averi. Che avete fatto voi per impedire questi abusi? Niente. E allora seguite un mio consiglio: non muovetevi se non volete tirarvi addosso altre sciagure.»

Alcuni si convinsero e tornarono a casa. Altri, invece, decisero di armarsi e seguire Eupite. Chi si procurò due lance, chi una spada a doppio taglio, e chi soltanto un bastone.

La cosa preoccupò alquanto Atena che andò subito a protestare in alto loco.

«Padre, cosa intendi fare?» chiese a Zeus. «Desideri che continui questa guerra fratricida, o preferisci che a Itaca scenda la pace?»

«Ma tu che vuoi da me?» le rispose il Signore dell'Olimpo, alquanto infastidito da queste continue interpellanze. «Sei tu quella che fa e disfa i destini degli eroi. Se ritieni utile che a Itaca scenda la pace tra Ulisse e i parenti dei Proci, provvedi tu a convincere questi ultimi, ma non chiedere a me di intervenire. Io, al massimo, posso non interferire.»

E così accadde che quando Eupite e i parenti dei Proci si presentarono davanti alla casa di Laerte, si trovarono di fronte Ulisse e i suoi fidi armati di tutto punto. Prima ci fu uno scambio di male parole, poi Ulisse, scorgendo Atena sotto le sembianze di Mentore, prese coraggio e scagliò una lancia che trafisse Eupite da parte a parte. Una volta eliminato il principale fomentatore della protesta, non fu difficile per Mentore convincere tutti gli altri a deporre le armi.

«Fermatevi o Itacesi!» esclamò Mentore, alzando le braccia e ponendosi inerme in mezzo ai due schieramenti. «Non spargete altro sangue fraterno se non volete incorrere nell'ira degli Dei.»

Zeus, a mo' d'avallo, inviò un tuono terribile, come a dire «signori miei, guai a voi se non la piantate», e a Itaca tornò la pace.

Canto XXV

Il giorno dopo

Questo canto nell'Odissea non c'è, l'ho aggiunto io. Mi sono detto: visto che Omero non ha finito il poema con la notte d'amore tra Ulisse e Penelope, perché non allungarlo un po' scrivendo un altro finale?

È il giorno successivo a quello dello scontro con Eupite. È mattina presto, o per dirla col poeta, l'Aurora aveva appena varcato il cielo con il suo roseo carro. Ulisse si svegliò e vide accanto a sé la sua dolce sposa addormentata. Il viso di Penelope era tornato sereno. Ormai non avrebbe più fatto tanti brutti sogni. Tutto era andato per il meglio. Non c'erano più nemici da eliminare.

«Come sono felice!» mormorò Ulisse, alzandosi dal letto per poi avviarsi verso la camera di Telemaco.

Anche il figlio dormiva. Anche lui aveva il viso disteso. I riccioli biondi gli circondavano il capo come un'aureola dorata e lo rendevano, omericamente parlando, simile a un Dio.

«Come sono felice!» pensò ancora una volta Ulisse mentre scendeva nel salone.

I pretendenti erano tutti morti. Il salone era uno specchio. Trenta ancelle avevano lavorato un giorno e una notte, senza interruzioni, per rimetterlo a posto. Pare che avessero trovato schizzi di sangue dappertutto, cocci di vasellame sparsi ovunque, buchi di lance nelle pareti e tende strappate. A vederlo, nessuno avrebbe detto che lì dentro, appena ventiquattro ore prima, era stata consumata una strage.

Ulisse uscì all'aperto. La reggia era situata in uno dei punti più alti dell'isola. Dai suoi terrazzi si godeva una bellissima vista sul mare.

«Come sono felice!» mormorò per la terza volta l'eroe, per poi, subito dopo, sospirare: «*Thalatta, thalatta*».

Ora *thalatta,* per chi non lo sapesse, in greco vuol dire «mare», e lui il mare lo desiderava più di ogni altra cosa al mondo. Forse, pensò, avrebbe fatto bene a rimettersi in viaggio. D'altra parte cosa aveva detto Tiresia il giorno in cui lo aveva incontrato negli Inferi? Gli aveva detto che dopo essersi vendicato, avrebbe dovuto riprendere il remo per rimettersi in mare e che avrebbe raggiunto un popolo che non conosceva né il sale né le navi. Ma non basta, gli aveva anche detto che avrebbe incontrato un viandante e che quest'ultimo gli avrebbe chiesto perché mai portava sulla spalla un ventilabro. Ora che cavolo fosse un ventilabro lui non lo sapeva, però l'idea che qualcuno glielo potesse chiedere gli piaceva moltissimo.

«*Thalatta, thalatta*» sospirò di nuovo.

Dopo venti anni di avventure, di mostri che ti vogliono uccidere, di cannibali che ti vogliono mangiare, di donne che ti vogliono sedurre, di tempeste e di duelli all'ultimo sangue, non è facile restare a casa con le mani in mano a guardare la moglie. Forse la sua vera patria non era Itaca, era il mare.

Ulisse scese giù al porto e vide una nave con la prua dipinta di rosso: era la stessa che aveva riportato Telemaco da Pilo. Ci pensò un po' su per qualche secondo, dopodiché disse ai marinai:

«Ragazzi, coraggio, si parte.»

Contro Ulisse

Brutto sporco e cattivo

Definire Ulisse «brutto, sporco e cattivo» è probabilmente un'esagerazione, ma che fosse il più bugiardo di tutti gli Achei che combatterono a Troia non ci sono dubbi, e dal momento che suo padre Laerte era una brava persona, uno che diceva sempre la verità, ci si chiede da chi possa aver preso il nostro eroe. A detta degli storici, da suo nonno Autolico, famoso per i furti di bestiame e per essere capace di far cambiare colore alle mucche un attimo prima di rubarle: quelle bianche le faceva diventare nere, e quelle nere, bianche.

Un vicino di casa di Autolico, tale Sisifo, altro grande mascalzone, vedendo le proprie mandrie diminuire giorno dopo giorno, pensò bene d'incidere sugli zoccoli delle bestie la frase «rubata a Sisifo», e, in tal modo, riuscì a scoprire l'autore dei furti. Dopodiché si recò da Autolico per farsi restituire le vacche; sennonché l'unica persona che trovò in casa fu la figlia di costui, la bella Anticlea. La poverina era intenta a prepararsi il corredo perché di lì a qualche giorno avrebbe dovuto sposare Laerte, il re di Itaca. Sisifo, allora, non ci stette molto a pensare e la violentò seduta stante, anche per vendicarsi dei furti subìti. Risultato: Anticlea rimase incinta. Ora, vera o no che fosse questa storia, Ulisse non sarebbe più figlio di Laerte, bensì di

Sisifo, oltre a essere comunque nipote di Autolico, detto anche il *mariuolo*. E sarebbe stato proprio quest'ultimo ad avergli dato il nome Odisseo, da *odussamenos* che in greco vuol dire «l'odioso».

Due parole ancora su Sisifo: costui aveva una parlantina così sciolta che, quando gli si presentò la Morte, ovvero il Dio Ade in persona, a forza di chiacchiere riuscì a farlo sedere su una sedia e a mettergli dei ceppi ai piedi, per poi nasconderlo in un sotterraneo del suo palazzo. Da quel momento in poi sulla terra non moriva più nessuno, nemmeno i decapitati, e la cosa disturbava alquanto Ares, il Dio della guerra, che, come tutti sanno, era uno che si divertiva solo quando vedeva i cadaveri sui campi di battaglia. L'inconveniente, però, non poteva durare a lungo. E difatti Ares finì per scoprire la cantina dove era tenuto prigioniero Ade, lo liberò e portò Sisifo negli Inferi perché gli venisse inflitta la giusta pena: ovvero quella di spingere un masso in cima a una collina, salvo vederlo riprecipitare sul versante opposto per i secoli dei secoli.

Adesso, però, a parte la paternità di Ulisse, volendo istituire un processo a suo carico, esaminiamo i principali capi d'accusa, e precisamente i crimini e i misfatti di cui si rese colpevole ai danni di Palamede, Aiace, Filottete e Diomede.

Palamede

Il vero antagonista di Ulisse fu Palamede, non certo quel *mammasantissima* di Achille, capace solo di ammazzare il prossimo sui campi di battaglia. Palamede, figlio di Nauplio, era furbo, intelligente, colto e persino geniale. Gli antichi lo chiamarono il *sofista,* per sottolineare il fatto che era amante della sapienza, e gli accreditarono una serie interminabile d'invenzioni, prima fra tutte il gioco dei dadi (da lui ideato per combattere la noia durante l'assedio), poi la dama, gli scacchi, la bilancia, i fari, le misure di peso e di capacità, il disco, l'astronomia, le lettere dell'alfabeto e l'arte di disporre le sentinelle.

L'antipatia tra i due eroi nacque il giorno stesso in cui scoppiò la guerra di Troia. Le cose andarono più o meno così: quando la bella Elena fu messa all'asta da suo padre Tindaro, Ulisse, non avendo una lira, pensò bene di farsi assegnare gratis la mano di un'altra fanciulla (Penelope per la cronaca) in cambio di un consiglio, quello di far firmare un patto di alleanza a tutti i principi Achei per difendere l'onore di Elena anche dopo il matrimonio, chiunque fosse stato lo sposo prescelto. Per cui, quando il bel Paride rapì la bellissima per portarsela a Troia, almeno lui, Ulisse, il promotore del patto, avrebbe dovuto partire per la guerra. Sennonché il furfante non aveva alcuna voglia di andare a farsi ammazzare per le corna di Menelao e quindi pensò bene di fingersi pazzo. Come prima cosa si calò in testa un caschetto a forma di mezzo uovo, copricapo che in Grecia contraddistingueva gli scemi del villaggio, quindi aggiogò a un aratro un bue e un asino, e si mise ad arare la sabbia gettandosi alle spalle manciate di sale. La commissione achea, venuta apposta per prelevarlo, rimase di stucco di fronte a una sceneggiata simile, a eccezione di Palamede, che tolse dalle braccia di Penelope il piccolo Telemaco, nato da pochi mesi, e lo adagiò sulla sabbia davanti all'aratro. Ulisse a quel punto fu costretto a fermarsi e, così facendo, ad ammettere che poi tanto pazzo non era. «Questa me la pagherai» mormorò tra sé e sé il re di Itaca e, come vedremo, mantenne la promessa.

La rivalità tra i due crebbe man mano che andava avanti l'assedio: non c'era furbata di Ulisse che non venisse contestata sul nascere da Palamede. Un giorno, tanto per dirne una, ci fu un'eclissi solare, e Ulisse subito ne approfittò per presentarla come un chiaro messaggio degli Dei. A sentire lui, gli Achei avrebbero dovuto attribuirgli maggiori poteri nelle assemblee se non volevano incorrere nell'ira di Zeus. Ma Palamede si oppose: sostenne che a Zeus, delle loro assemblee, non fregava assolutamente nulla, e che l'eclissi solare era dovuta al semplice fatto che la Luna si era frapposta tra la Terra e il Sole.

«Lascia che sia l'indovino Calcante a interpretare questi misteri» reagì Ulisse. «Cosa ne vuoi capire di mantica tu che conosci appena le cose della terra!»

«Ed è proprio perché conosco le cose della terra» replicò Palamede «che riesco a capire quelle del cielo.»

Un'altra volta Ulisse, vedendo uno stormo di gru che aveva disegnato in cielo una grande Y, colse l'occasione per prenderlo in giro.

«Come vedi, o Palamede,» gli disse «l'alfabeto non sei

stato tu a inventarlo: è un'invenzione delle gru. Guarda come disegnano le lettere in cielo!»

«Hai ragione,» rispose pronto Palamede. «Non sono stato io a scoprire le lettere, sono state le lettere a scoprire me. Le gru si dispongono a Y per vincere la resistenza dell'aria, come dire che ubbidiscono a un ordine superiore; non come te che, quando scendi in battaglia, obbedisci a un unico imperativo: quello di sceglierti ogni volta il posto meno pericoloso.»

Poi ci fu la faccenda dei lupi. Per Ulisse bisognava andarli a scovare sul monte Ida e ucciderli tutti, per Palamede, invece, meno li si frequentava e meglio era. Le carogne dei lupi, precisò, sono portatrici di peste e in quanto tali vanno evitate. A dargli ragione, di lì a poco scoppiò una grossa epidemia di peste. Tutte le città delle vicinanze la contrassero, a eccezione dell'accampamento acheo; anche grazie a un'altra direttiva di Palamede che aveva convinto i soldati a non mangiare carne di dubbia provenienza, ma solo frutta e verdura.

Insomma *«dalli e dalli,»* dicono a Napoli, *«si scassano pure i metalli»*, e Ulisse si era *scassato*: non sopportava più Palamede e tutte le sue teorie scientifiche. Il fatto poi che Palamede lo contestasse sempre, qualunque cosa dicesse, lo faceva addirittura andare in bestia. Scrive Filostrato:

> Palamede era onorato dai Greci con premi per la sua sapienza, laddove Ulisse pensava di essere disprezzato, ragione per cui tramava contro il suo rivale ogni tipo di raggiro. (Filostrato, *Eroico*, 33 19.)

Un giorno Ulisse, approfittando dell'assenza di Palamede e di Achille (partiti per una spedizione contro le popolazioni costiere), insinuò che i due stavano tramando un piano contro Agamennone per soffiargli il comando supremo. Poi scrisse una falsa lettera, a firma Priamo, nella quale il re di Troia diceva testualmente: «Caro Palamede, t'invierò quanto prima l'oro che mi hai chiesto», e la fece trovare addosso a un prigioniero frigio da lui precedentemente corrotto. Quindi comunicò agli altri capi achei di aver fatto un sogno nel quale Zeus consigliava di andare a perquisire la tenda di Palamede. I capi achei andarono a controllare e trovarono sotto al letto dello sventurato una borsa piena di monete d'oro, ovviamente messa lì da Ulisse: era il prezzo del presunto tradimento. Senza starci troppo a pensare, gli Itacesi e i Peloponnesiaci lapidarono Palamede e il martire ebbe appena il tempo di gridare: «Piango, non per me che muoio, ma per la Verità che mi precede nella morte».

Quando, a fine guerra, il padre di Palamede, Nauplio, apprese la tremenda notizia, spostò i fari di molti porti della Grecia, in modo da far morire sugli scogli quanti più Achei fosse possibile.

Tutto questo Omero non lo racconta. Come mai? È vero che quando lui nacque erano già passati tre o quattro secoli dalla fine della guerra di Troia, ma, così come aveva descritto nei minimi particolari tanti altri episodi, avrebbe potuto citare anche quelli relativi alla morte di Palamede. Perché non lo ha fatto Filostrato, in proposito, ha la seguente teoria.[1]

Un giorno qualcuno raccontò a Omero che l'anima di Ulisse si mostrava ogni notte a Itaca, o comparendo in sogno agli Itacesi, o aggirandosi nei cimiteri durante le serate di luna piena. Al che il poeta decise di trasferirsi nell'isola e di tentare una specie di seduta spiritica. Ebbene, ci crediate o no, l'anima di Ulisse comparve immediatamente, al pri-

[1] Filostrato, *Eroico*, 43 12.

mo tentativo, e, alla richiesta di raccontare la guerra di Troia, rispose testualmente:

«Ti dirò ogni cosa, o divino Omero, a patto che non nomini mai Palamede in nessuno dei tuoi versi.»

«Perché mai?» chiese il poeta stupito.

«Be', a essere sincero, non mi comportai molto bene con lui, e tu, raccontandolo ai posteri, finiresti col danneggiare la mia immagine.»

Omero, pur di sapere tutto il resto, accettò il patto, ed è per questo motivo che il nome di Palamede non compare mai né nell'*Iliade* né nell'*Odissea*.

Aiace Telamonio

Di Aiace Telamonio abbiamo giù detto nel canto undicesimo, quello dove Ulisse, sceso negli Inferi, lo scorge tra le anime in attesa. Quel giorno, mentre tutte le altre anime fanno ressa intorno alla fossa per succhiare il sangue delle vittime scannate da Ulisse, Aiace si tiene in disparte: è ancora offeso per l'ingiustizia subita, quando non gli vennero assegnate le armi di Achille.

Riepiloghiamo brevemente i fatti:
Il giorno in cui Achille morì sorse il problema a chi assegnare le sue famose armi, quelle, tanto per intenderci, che Teti aveva commissionato al divino Efesto. Secondo la prassi vigente, avrebbero dovuto essere assegnate al più forte degli eroi rimasti in vita, ma fu proprio sul termine «forte» che nacquero le prime divergenze.

«Cosa vuol dire essere il più forte?» chiese Ulisse alla giuria. «Vuol dire forse essere il più alto? E tra l'essere il più alto e l'essere il più pericoloso che cosa pensate che temano maggiormente i nostri nemici? Ora, che Aiace sia il più alto non ci sono dubbi, ma vi chiedo: è forse anche il più pericoloso?»

Insomma, a forza di chiacchiere, Ulisse riuscì a convincere i capi achei che le armi di Achille spettavano solo a lui, e dello stesso parere si dichiararono anche i Troiani, i quali, interrogati in merito, ammisero che il più «pericoloso» era senz'altro Ulisse.

Ovviamente Aiace la prese malissimo. Tra l'altro, era stato lui ad accollarsi il corpo senza vita di Achille, e a portarlo dietro le linee insieme alle armi. Il verdetto, quindi, gli sembrò doppiamente ingiusto. Doveva assolutamente vendicarsi, e allora andò nella sua tenda, prese una spada e uscì fuori deciso a uccidere Ulisse, Agamennone e tutti quelli che gli avevano votato contro. Atena, però, lo fece impazzire e lo condusse per mano nel recinto dove erano custodite le mandrie dell'accampamento. Qui giunto il forte figlio di Telamone credette di vedere in ciascuna delle bestie uno dei suoi nemici. «Muori Agamennone, grandissimo fetente!» urlò avventandosi contro una capra. «E tu Ulisse, bugiardo e disonesto,» disse a una mucca che fingeva di non conoscerlo, «prova il sapore della mia spada!» In meno di un'ora scannò qualcosa come una ventina di capi, chiamandoli tutti per nome. Poi, quando si rese conto che aveva ucciso solo delle povere bestie, piantò per terra la spada e vi si gettò sopra, avendo cura che gli s'infilasse giusto sotto l'ascella, unico suo punto vulnerabile.

Diomede

Con Diomede, se possibile, Ulisse si comportò anche peggio. I due, a Troia, decisero un bel giorno di fare coppia fissa, e in un certo qual senso ebbero anche un discreto successo: erano entrambi forti nella lotta corpo a corpo e abili nell'imbastire trappole. I due obiettivi, poi, che si erano prefissi, erano quanto mai ambiziosi: rapire i cavalli di Reso, re dei Traci, e appropriarsi di una statuetta, detta il Palladio, che i Troiani custodivano nel tempio di Atena. Tutto questo perché l'indovino Calcante aveva profetizzato che la città non sarebbe mai caduta finché i cavalli di Reso non avessero bevuto le acque del fiume Scamandro, e finché il Palladio fosse rimasto all'interno delle mura di Troia.

Per quanto riguarda i cavalli di Reso, i due eroi catturarono uno dei suoi soldati, un disgraziato di nome Dolone, e gli promisero un'alta ricompensa se li avesse condotti nella stalla dove erano custoditi i cavalli. Il poverino li aiutò a passare il fronte, poi, subito dopo, fu ucciso. Invano Dolone chiese pietà a mani giunte: Diomede gli tagliò ugualmente la testa, e questa, dicono, sebbene recisa, continuò a implorare per qualche secondo. Ulisse indossò i suoi abiti, e, così travestito, si presentò ai guardiani delle stalle dicendo che era stato mandato da Reso in persona a prendere i cavalli.

Più complessa, invece, l'operazione Palladio. Diomede e Ulisse, prima dovettero percorrere un lungo cunicolo sotterraneo, poi, una volta giunti sotto le mura di Troia, si resero conto che la scala che si erano portati dietro era troppo corta. Allora decisero che solo uno dei due si sarebbe avventurato. La sorte designò Diomede. Questi salì sulle spalle di Ulisse, penetrò all'interno della città e immediatamente dopo nel tempio di Atena. Qui tolse dalle mani della sacerdotessa Teano il Palladio e tornò di corsa dove il socio era rimasto in attesa. Sennonché, mentre ritornavano all'accampamento, Ulisse dette la precedenza al compagno per poi cercare di pugnalarlo alle spalle. Così avrebbe potuto attribuire a se stesso tutto il merito dell'operazione. La cosa, però, non gli riuscì, anche perché Diomede, grazie a una bella luna piena, vide per terra l'ombra dell'«amico» che alzava il braccio per pugnalarlo. Si racconta che, una volta disarmato Ulisse, gli legò le mani dietro la schiena e lo accompagnò a calci fin dentro l'accampamento. Di qui l'espressione «spinta di Diomede» come sinonimo di «calcio nel sedere».

Filottete e altre canagliate

Parliamo ora di Filottete. Quando Eracle decise di suicidarsi, regalò le sue armi all'amico Filottete a patto che questi non dicesse mai dov'era stato sepolto e, in verità, Filottete non lo disse: alla domanda «dove sono le ceneri di Eracle?», si limitò a battere ripetutamente un piede per terra, in modo da indicare ai suoi amici il punto esatto dove dovevano scavare. Ovviamente Eracle si incavolò come una bestia e inviò un serpente che morse lo spergiuro. Il morso non lo uccise, ma gli fece marcire il piede indicatore. Raccontano i mitologi che il piede in questione cominciò a puzzare talmente che nessuno gli si poteva avvicinare senza svenire. Gli Achei allora, anche dietro suggerimento di Ulisse, decisero di liberarsi di Filottete e lo confinarono nell'isola di Lemno, all'epoca ancora disabitata.

Dopo nove anni, però, l'indovino Eleno disse che Troia non sarebbe mai caduta finché Filottete non fosse tornato sui campi di battaglia, e quindi, puzza o non puzza, bisognava recuperarlo. Vennero incaricati della missione Ulisse e Diomede. Sennonché Filottete, offeso per come era stato trattato, giustamente si rifiutò di seguirli, e Ulisse fu costretto a mettere in atto tutte le sue arti di persuasore per convincerlo a tornare: tra le tante cose che disse, gli promise che lo avrebbe fatto curare da Asclepio in persona. Una volta a Troia, poi, Filottete si rivelò determinante ai fini della vittoria finale: era, infatti, il più bravo arciere del mondo, più bravo dello stesso Ulisse. Gli Achei, per non sentire la puzza, lo fecero operare da Macaone, il figlio di Asclepio, e il poverino non avvertì alcun dolore anche perché Apollo provvide personalmente a farlo addormentare: primo esempio nella storia di anestesia totale. A proposito: mentre era sotto anestesia, Ulisse gli fregò le armi.

Volendo concludere, chi era Ulisse? Un eroe o un imbroglione? A detta di Alberto Savinio non poteva essere un eroe, se non altro perché non possedeva il requisito fondamentale dell'eroismo e cioè l'incoscienza. Savinio non lo dice a chiare lettere, ma ci fa capire che un eroe, per essere veramente tale, deve essere anche un po' stupido. Enrico Toti e Muzio Scevola, in effetti, più che geni, erano degli incoscienti, e i loro gesti non servirono a nulla, se non a farli entrare nei libri di storia.

Certo è che in Grecia, quando c'era da fare un lavoro poco pulito, chiamavano Ulisse. Prendiamo, ad esempio, il caso di Ifigenia. Ci troviamo in Aulide: la flotta achea, a causa del maltempo, è bloccata da più di un mese in una rada. S'interroga l'indovino Calcante e questi comunica che la Dea Artemide è incavolata nera con Agamennone per una gaffe fatta da costui durante una partita di caccia. Una cosa da niente, in effetti: una frasettina del tipo «nemmeno Artemide avrebbe saputo far di meglio». Certo è che tanto era bastato, però, perché la Dea, offesa, scatenasse una tempesta dopo l'altra. Ora, Agamennone, per punizione, doveva sacrificare la più bella delle sue figlie: per l'appunto Ifigenia. Come convincere, però, la ragazza a partire per l'Aulide, e, soprattutto: come persuadere sua madre Clitennestra a lasciarla andare? «Mandiamoci Ulisse,» esclamarono in coro i capi achei, «quello è capace di convincere chiunque.» E difatti il nostro uomo si reca a Micene e racconta a Ifigenia che Achille, il più prestigioso degli eroi greci, sentendo parlare della sua bellezza, si è follemente innamorato di lei e desidera sposarla. Sono così belli e suggestivi i suoi racconti che la fanciulla parte con la gioia nel cuore, per poi scoprire che avrebbe dovuto essere sacrificata come una giovenca. A mitigare, comunque, la crudeltà del mito, pare che all'ultimo istante Artemide abbia sostituito Ifigenia con una cerbiatta, per poi portar con sé la fanciulla in Tauride.

Altro esempio di cinica e spregiudicata «realpolitik»: la faccenda di Protesilao. Gli Achei arrivano a Troia. I Troiani sono tutti sulla spiaggia decisi a ributtare in mare gli invasori. Atena informa Ulisse che il primo a toccare la riva sarà anche il primo a essere ucciso e, come è prevedibile, è Achille quello più di tutti proteso a balzare a terra. Ulisse, però, per non perdere un match-winner così prezioso, con una mano lo trattiene e con l'altra dà una spintarella a Protesilao. C'è chi dice che a spingere sia stata Atena sotto le sembianze di Ulisse; lui però, comunque, in carne e ossa, o in immagine che sia, è sempre coinvolto in ogni canagliata. Come pure è ancora Ulisse (o Neottolemo?) che, durante il sacco di Troia, prende per un piede il piccolo Astianatte di appena due anni e lo getta giù dalle mura, ed è sempre Ulisse che afferra Polissena, la più bella delle figlie di Priamo, e la scanna sulla tomba di Achille per esaudire un desiderio postumo di costui. Potrei continuare nell'elenco delle infamie, ma temendo che l'anima di Ulisse possa tramare qualcosa anche contro di me preferisco fermarmi qui.

Il chi è dell'Odissea

Achille: l'eroe per eccellenza, figlio di Peleo e della ninfa Teti. Re dei Mirmidoni. Invulnerabile in ogni punto del corpo a eccezione del tallone.

Acroneo: uno degli atleti feaci.

Ade: (Plutone) re degli Inferi, fratello di Zeus e di Poseidone.

Adreste: una delle ancelle di Elena.

Afidante: re di Alibante, padre di Eperito, nome con ogni probabilità inventato da Ulisse.

Afrodite: (Venere) Dea dell'Amore, nata dalla spuma del mare. Dal greco *afros* = spuma.

Agamennone: re di Micene, figlio di Atreo, comandante in capo dell'esercito acheo.

Agelao: uno dei Proci. figlio di Damastore, nobile itacese.

Aglape: una delle sirene.

Aiace Oileo: eroe greco, figlio di Oileo, re di Locri, anche detto «il Piccolo».

Aiace Telamonio: eroe greco, figlio di Telamone, re della Caria, anche detto «il Grande».

Alcinoo: figlio di Nausitoo, re dei Feaci.

Alcippe: una delle ancelle di Elena.

Alettore: eroe spartano, cugino di Menelao.

Alio: uno degli atleti feaci.

Aliterse: indovino itacese.

Anabasineo: uno degli atleti feaci.

Anchialo: padre di Mente, re dei Tafi.

Anfialo: uno degli atleti feaci.

Anfimedonte: uno dei Proci, figlio di Melaneo.

Anfinomo: uno dei Proci, figlio di Niso, principe di Dulichio.

Anticlea: madre di Ulisse, figlio di Autolico.

Anticlo: uno degli eroi achei che entrarono nel cavallo.

Antifate: re dei Lestrigoni, cannibale.

Antiloco: eroe acheo, figlio di Nestore, uno dei primi a morire a Troia.

Antinoo: capo dei Proci insieme a Eurimaco. Itacese.

Antiope: ninfa, figlia del fiume Asopo.

Apollo: Dio greco, simbolo dell'intelligenza e della bellezza.

Archesio: padre di Laerte.

Ares: (Marte) Dio della guerra, detto anche l'Assassino.

Arete: moglie di Alcinoo, regina dei Feaci.

Areto: figlio di Nestore.

Argo: cane di Ulisse.

Arianna: figlia di Minosse, re di Creta, s'innamorò prima di Teseo e poi di Efesto.

Artemide: (Diana) Dea della Caccia, sorella di Apollo, vergine.

Asclepio: il più famoso medico dell'epoca classica. Esculapio per i Romani.

Asopo: Dio del fiume omonimo, figlio di Oceano e di Teti.

Astianatte: figlio di Ettore e di Andromaca.

Atena: (Minerva) Dea nata dal cervello di Zeus.

Atlante: gigante, figlio di Giapeto, condannato da Zeus a reggere il cielo.

Atreo: padre di Agamennone e Menelao.

Aurora: Dea che annunzia il sorgere del Sole, anche nota come Eos dalle rosee dita.

Autolico: padre di Anticlea, nonno di Ulisse, anche detto «il mariuolo».

Autonoe: una delle ancelle di Penelope.

Borea: vento del Nord, figlio di Astreo, ha il corpo che termina in serpente.

Cadmo: eroe tebano, figlio di Agenore.

Calcante: indovino dell'esercito acheo, figlio di Testore.

Calipso: ninfa, «colei che nasconde», figlia di Atlante, viveva nell'isola Ogigia.

Cariddi: mostro, figlia di Poseidone.

Cerbero: cane a tre teste posto a guardia degli Inferi.

Circe: Dea, figlia del Sole, viveva nell'isola Ea.

Climene: figlia di Oceano e di Teti, madre di Prometeo.

Clitennestra: figlia di Tindaro, moglie di Agamennone.

Clitio: padre di Pireo.

Clitoneo: atleta feace, figlio di Alcinoo.

Clori: regina di Pilo, madre di Nestore.

Crataide: demone, madre di Scilla.

Crono: padre di Zeus, figlio di Urano, castrò suo padre e fu a sua volta detronizzato da Zeus.

Ctesio: padre di Eumeo, re dell'isola Siria.

Ctesippo: uno dei Proci, principe di Same, figlio di Politerse.

Deifobo: eroe troiano, figlio di Priamo, sposò Elena dopo la morte di Paride.

Demetra: (Cerere) figlia di Crono, sorella di Zeus, Dea della natura.

Demodoco: aedo della corte di Alcinoo.

Demoptolemo: uno dei Proci, itacese.

Deucalione: (Noè) figlio di Prometeo, costruì un'arca per salvare la razza umana.

Diomede: eroe acheo, figlio di Tideo.

Dmetore: re di Cipro, figlio di Iaso.

Dolio: giardiniere, servo di Laerte.

Dolone: soldato tracio al servizio di Reso.

Echefrone: figlio di Nestore.

Echeto: re dell'Epiro, anche detto «Terrore dei mortali» per il suo sadismo.

Edipo: re di Tebe, figlio di Laio e di Giocasta.

Eeta: figlio del Sole, fratello di Circe.

Efesto: Dio del fuoco, figlio di Zeus.

Egisto: amante di Clitennestra, uccise Agamennone.

Eidotea: figlia di Proteo.

Elato: uno dei Proci, itacese.

Elatreo: atleta feace.

Elena: ufficialmente figlia di Tindaro, in realtà figlia di Zeus, moglie di Menelao, amante di Paride.

Eleno: indovino, figlio di Priamo.

Elpenore: compagno di Ulisse.

Enea: eroe troiano, figlio di Anchise e Afrodite.

Enipeo: Dio fiume della Tessaglia.

Enopo: padre di Leode, uno dei Proci.

Eolo: Dio dei venti, figlio di Ippota.

Eos: *vedi* Aurora.

Epeo: artigiano acheo costruttore del cavallo.

Eperito: nome inventato da Ulisse.

Epicasta: (Giocasta) madre di Edipo.

Era: (Giunone) figlia di Crono, sorella e moglie di Zeus.

Eracle: (Ercole) semidio noto per la sua forza, figlio di Anfitrione.

Eretmeo: atleta feace.

Erifile: madre di Euridice.

Ermafrodito: figlio maschio e femmina di Hermes e Afrodite.

Ermione: figlia di Menelao ed Elena.

Eteoneo: guardia del corpo di Menelao.

Etone: nome inventato da Ulisse.

Eumeo: guardiano dei porci di Ulisse, figlio di Ctesio.

Euriade: uno dei Proci, itacese.

Eurialo: atleta feace.

Euribate: araldo di Odisseo.

Euriclea: nutrice di Ulisse.

Euridamante: uno dei Proci, itacese.

Euridice: fanciulla amata da Orfeo.

Euriloco: uno dei compagni di Ulisse.

Eurimaco: uno dei capi Proci insieme ad Antinoo.

Eurinome: ancella di Penelope.

Eurinomo: uno dei Proci, itacese.

Euristeo: amante di Eracle per il quale il gigante fu costretto a fare le dodici fatiche.

Euro: vento del sud-ovest.

Eupite: padre di Antinoo.

Evenore: padre di Leocrito.

Faetusa: ninfa di Trinacria, custode delle vacche del Sole.

Fedra: figlia di Minosse, sorella di Arianna.

Femio: aedo della reggia di Ulisse.

Fetonte: uno dei cavalli dell'Aurora.

Fidone: re dei Trespoti.

Filezio: bovaro di Ulisse.

Filò: ancella di Elena.

Filottete: eroe acheo noto per avere un piede puzzolente.

Ganimede: coppiere degli Dei.

Giasone: re di Iolco, figlio di Esone, capo degli Argonauti, compì l'impresa del Vello d'oro e si sposò con Medea.

Hermes: (Mercurio) messaggero degli Dei.

Iaso: padre di Dmetore.

Icario: padre di Penelope.

Idomeneo: re di Creta, figlio di Deucalione, parteciò alla guerra di Troia.

Ifigenia: figlia di Agamennone e Clitennestra, fu sacrificata dagli Achei per far cessare il maltempo in Aulide.

Ifimedea: amante di Poseidone.

Ifito: figlio di Eurito, donò l'arco a Ulisse.

Ino: figlia di Cadmo.

Iperione: uno dei Titani.

Ippodamia: ancella di Penelope.

Ippota: padre di Eolo

Iro: mendicante alla reggia di Ulisse.

Issione: re della Tessaglia, amante di Demetra.

Laerce: orafo di Pilo.

Laerte: padre di Ulisse e figlio di Archesio.

Lampezia: ninfa di Trinacria, custode delle vacche del Sole.

Lampo: uno dei cavalli dell'Aurora.

Laodamante: atleta feace.

Leda: madre di Elena, Clitennestra, Castore e Polluce.

Leocrito: uno dei Proci, itacese.

Leode: uno dei Proci, figlio di Enopo, itacese.

Leucosia: una delle Sirene.

Ligia: una delle Sirene.

Macaone: medico, figlio di Asclepio.

Macareo: compagno di Ulisse.

Maira: una delle anime intraviste da Ulisse negli Inferi.

Marone: sacerdote di Apollo.

Medonte: araldo di Odisseo.

Megapente: figlio di Menelao.

Melaneo: arciere, figlio di Apollo.

Melanto: ancella di Penelope.

Melanzio: guardiano di pecore.

Memnone: figlio di Aurora e di Titone, negro, bellissimo.

Menelao: re di Sparta, figlio di Atreo, marito di Elena, fratello di Agamennone.

Mente: re dei Tafi, figlio di Anchialo.

Mentore: amico di Ulisse.

Mesaulio: schiavo di Eumeo.

Minosse: re di Creta, figlio di Zeus.

Molpè: una delle sirene.

Naiadi: ninfe delle acque.

Nanteo: atleta feace.

Nauplio: padre di Palamede.

Nausicaa: figlia di Alcinoo, re dei Feaci.

Neleo: figlio di Poseidone, padre di Nestore.

Neottolemo: figlio di Achille, combatté a Troia, sposò Ermione.

Nestore: re di Pilo, figlio di Neleo, partecipò alla guerra di Troia, famoso per la sua saggezza.

Niso: padre di Anfinomo.

Noemone: nobile itacese, proprietario di navi.

Ochialo: atleta feace.

Opo: padre di Euriclea.

Oreste: figlio di Agamennone e di Clitennestra, vendicò suo padre uccidendo il suo assassino Egisto.

Orfeo: figlio di Eagro, famoso cantautore, scese negli Inferi per liberare la sua donna Euridice.

Orione: figlio di Poseidone, gigante e cacciatore, capace di camminare sulle acque.

Palamede: figlio di Nauplio, eroe acheo, inventore.

Pandareo: padre di una fanciulla mutata in usignolo.

Paride: (Alessandro) figlio di Priamo, rapì Elena.

Partenope: una delle sirene, morta a Napoli.

Patroclo: eroe acheo, amico e amante di Achille.

Peante: padre di Filottete.

Peleo: padre di Achille.

Pelia: re della Tessaglia, figlio di Poseidone.

Penelope: moglie di Ulisse, figlia di Icario, regina di Itaca.

Perimede: compagno di Ulisse.

Persefone: (Proserpina) moglie di Ade, regina degli Inferi, figlia di Zeus.

Perseo: figlio di Nestore.

Pireo: itacese, amico di Telemaco.

Piritoo: re dei Lapiti, figlio di Zeus.

Pisandro: uno dei Proci, figlio di Polittore.

Pisistrato: figlio di Nestore.

Polibo 1: un atleta feace.

Polibo 2: uno dei Proci, itacese.

Polibo 3: re di Tebe.

Policasta: figlia di Nestore.

Polidamna: donna egiziana. Regalò a Elena una polverina che calmava qualsiasi tipo di dolore.

Polifemo: ciclope, figlio di Poseidone e della ninfa Toosa.

Polissena: figlia di Priamo, finse di amare Achille per poi farlo colpire nel tallone.

Politerse: padre di Ctesippo.

Ponteo: atleta feace.

Pontonoo: coppiere alla corte dei Feaci.

Poseidone: (Nettuno) Dio del mare, figlio di Crono, fratello di Zeus.

Priamo: re di Troia, figlio di Laomedonte.

Primneo: atleta feace.

Procri: figlia di Eretteo.

Proreo: atleta feace.

Proteo: mostro dell'isola di Fare, noto come «Il Vecchio del Mare», capace di mutarsi in qualsiasi forma.

Protesilao: eroe acheo, figlio di Ificlo, il primo a morire a Troia, ucciso da Ettore.

Reso: re dei Traci, alleato di Troia, venne ucciso dalla coppia Ulisse-Diomede.

Rexenore: figlio di Nausitoo, padre di Arete.

Salmoneo: padre di Tiro.

Scilla: mostro marino con sei teste.

Sesto: figlio di Nestore.

Sisifo: figlio di Eolo, presunto padre di Ulisse, violentò Anticlea e incatenò Ade; condannato a trasportare in eterno un masso su una collina.

Stratio: figlio di Nestore.

Tantalo: figlio di Zeus, uccise suo figlio Pelope e lo servì alla mensa degli Dei. Fu condannato a soffrire in eterno la fame e la sete.

Teano: sacerdotessa di Atena, custode del Palladio.

Telamone: padre di Aiace il Grande.

Telemaco: figlio di Ulisse.

Teoclimeno: ospite di Telemaco, indovino.

Teseo: eroe greco, figlio di Egeo, uccise il Minotauro.

Teti: ninfa, madre di Achille, moglie di Peleo.

Thanatos: la Morte, sinonimo di Ade.

Tindaro: padre presunto di Elena.

Tiresia: indovino cieco.

Tiro: ninfa, figlia di Salmoneo, fu amata da Eracle.

Titone: pescatore. Se ne innamorò Eos che chiese per lui l'immortalità dimenticandosi, però, di chiedere anche l'eterna giovinezza.

Tizio: gigante, figlio di Zeus, ucciso da Apollo.

Toonte: atleta feace.

Toosa: madre di Polifemo, violentata da Poseidone.

Trasimede: figlio di Nestore.

Ulisse: figlio di Laerte, re di Itaca.

Zefiro: vento leggero, corrispondente alla nostra brezza.

Zeus: Padre degli Dei, figlio di Crono.

«Nessuno»
di Luciano De Crescenzo
Collezione I libri di Luciano De Crescenzo

Arnoldo Mondadori Editore

Finito di stampare nel mese di maggio 1997
presso Arnoldo Mondadori Editore S.p.A.
Stabilimento NSM di Cles (TN)

Stampato in Italia - Printed in Italy